현대 경제학의 아버지
새뮤얼슨 교수의
마지막 강의

새뮤얼슨 교수의
마지막 강의

발행인	민선식
발행처	YBM/Si-sa

저자	폴 A. 새뮤얼슨(Paul A. Samuelson)
편집	강윤규, 김태훈, 최혜욱
디자인	이미화, 김은경
마케팅	김광희, 전경진

초판발행	2010년 5월 31일
2쇄발행	2010년 7월 9일

등록일자	1964년 3월 28일
등록번호	제 1-214호
주소	서울시 종로구 종로 2가 55-1
전화	(02) 2000-0284~7
팩스	(02) 2285-1523
홈페이지	www.ybmbooks.com

값 15,000원
ISBN 978-89-17-20768-2

새뮤얼슨 교수의 마지막 강의
Korean-English Bilingual Edition ⓒ 2010 by YBM/Si-sa
Original Columns Texts ⓒ by Paul A. Samuelson
All rights reserved.

PAUL A. SAMUELSON

현대 경제학의 아버지
새뮤얼슨 교수의

마지막 강의

| 폴 A. 새뮤얼슨 지음 |

YBM Si-sa

Paul A. Samuelson

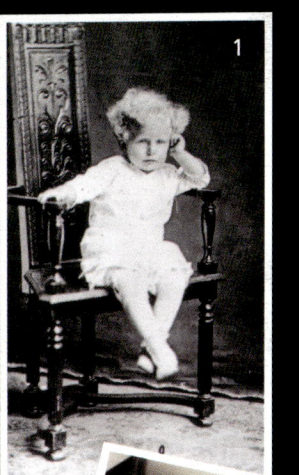

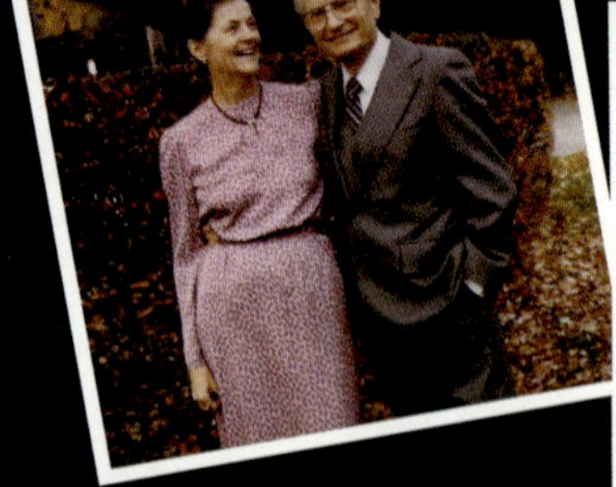

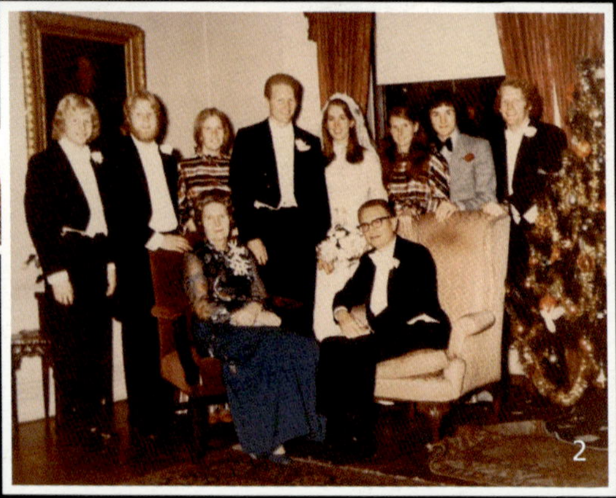

2

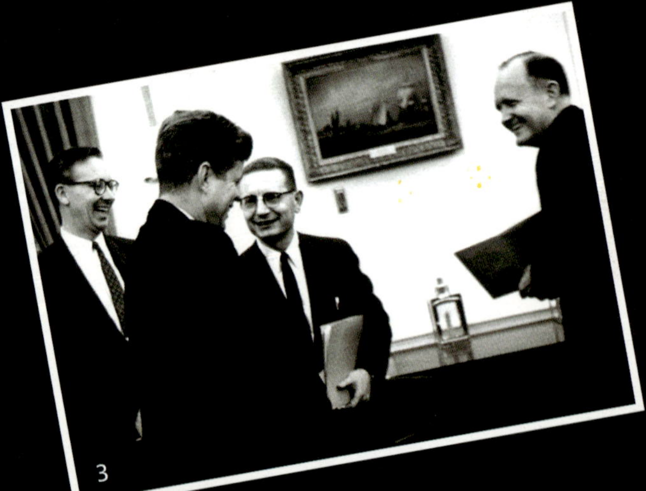

3

ECONOMICS

1 노벨 경제학상 수상(1972년 12월 10일)
2 새뮤얼슨 논문집 출판 기념, MIT 관계자들과 함께(1972년)
3 CBS 방송 중, 좌측부터 헨리 키신저, 폴 새뮤얼슨, 아놀드 토인비, 루이스 스트라우스, 아들라이 스티븐슨, 하워드 스미스
4 빌 클린턴 대통령에게서 국가과학상을 받고 있는 새뮤얼슨(1996년 7월 28일)

1 좌측부터 프리드먼 부부, 새뮤얼슨, 조지 스티글러
2 좌측부터 제임스 토빈, 밀턴 프리드먼, 프랑코 모딜리아니, 새뮤얼슨(캘리포니아주 클레어몬트에서)
3 노년의 새뮤얼슨

새뮤얼슨 교수를 기억하며

특별 기고

글 · **민선식**(YBM/Si-sa 사장)

　새뮤얼슨 교수를 처음 알게 된 것은 1979년, 서울대 경제학과 2학년 때였습니다. 현 국무총리이신 정운찬 당시 경제학과 교수의 경제학원론 수업에서 새뮤얼슨 교수의 〈경제학(Economics)〉으로 공부했던 것이 그 분과의 첫 인연이었습니다. 그 후, 1983년 MIT(매사추세츠 공과대학) 경영대학원 Sloan School(슬론 스쿨)에서 유학하면서, 직접 배울 기회는 없었으나 경제학과와 경영학과가 같은 건물과 도서관을 쓰고 있어 여러 번 교수님을 뵐 수 있었습니다. 작은 키에 반짝반짝하는 눈매가 굉장히 지적이면서, 외람된 말씀이지만 영리한 분이라는 인상을 받았습니다. 그 당시 MIT의 경제학과와 경영학과에는 'Open door policy'라 하여, 교수가 연구실에 있을 때는 문을 열어두어 학생들이 언제든 찾아와 대화할 수 있도록 하는 독특한 제도가 있었는데, 새뮤얼슨 교수가 이것을 시작했다고 들었습니다.

　그 후 하버드대학에서 박사학위를 받고 귀국해 YBM/Si-sa에서 사장으로 일하고 있던 중에, 미국에서 저작권 관련 업무를 하는 미국인과 유학시절 이야기를 하다가 우리가 출간하는 잡지에 새뮤얼슨 교수의 글을 연재해 보면 어떨까라는 이야기가 나왔습니다. 그래서 우리나라와 세계경제를 꿰뚫는 통찰력과 시사성을 갖춘 글을 기고해 달라는 요청을 교수님께 드렸더니, 우리가 원하는 내용의 글을 매월 독점 전재해 주시겠다며 원고료도 상당히 파격적인 가격에 응해 주셨습니다.

　그 후 교수님 연구실에서 몇 번 직접 만나 뵐 기회가 있었는데, MIT의 졸업생으로 늘 저를 반겨 주셨습니다. 한번은 약속 시간에 갔는데 반쯤 열린 문 밖으로 무언가 중요한 전화 통화를 하시는 소리가 들렸습니다. 조금 있다 나오시더니 클린턴 당시 미국 대통령과 경제 문제로 이야기를 나누셨다며, 전화가 길어져 미안하다고 하셨습니다. 저와는 한 시간 가량 이야기를 나누셨는데 나중에 비서가 하는 말이 클린턴 대통령보다 저와 더 오랫동안 이야기를 나누셨다고 하더군요.

교육자로서 새뮤얼슨 교수의 인품을 알 수 있는 에피소드가 하나 있습니다. 지금은 많이 나아졌지만 80년대까지만 해도 우리나라는 외국 학술서적까지 그대로 복사해 서점에서 팔 정도로 지적 재산권 보호에 대한 개념이 부족해 국제적으로 따가운 시선을 받고 있었습니다. 그런데 90년대 중반에 교수님께서 우리 경제에 대해 이야기 하시다가, 아직도 한국에서 자신 책의 복사본, 소위 해적판이 많이 나돌고 있냐고 물으셨습니다. 많이 없어지기는 했지만 아직 있다고 했더니, 한국만큼 먹고살 수 있는 나라에서는 남의 재산권도 보호해 주어야 한다고 지적하셨습니다. 그러면서 60~70년대 한국처럼 아직 경제적으로 어려운 나라라면 학생들이 자신 책의 해적판이라도 읽어 경제학 지식을 습득하는 것이 인세 좀 받는 것보다 훨씬 보람된 일이라는 말씀을 덧붙이셨습니다. 그때 말씀하시던 모습이 지금도 눈에 선합니다.

새뮤얼슨 교수는 한국경제에 관해 희망적이고 건설적으로 생각하셨던 것으로 기억합니다. 특히 IMF 경제위기로 불리는, 1990년대 후반에 우리가 겪은 경제적 어려움에 대해서도 낙관적이셨습니다. 우수한 인적자본과 탄탄한 제조 기반을 바탕으로 위기를 쉽게 헤쳐나갈 것이라고 조언하시면서, 다만 경제위기를 겪는 과정에서 희생되는 계층을 위해 사회안전망을

특별 기고

구축하되, 모든 사람이 빠지기 쉬운 유혹인 '포퓰리즘(Populism)'을 경계해야 한다는 말씀을 하시곤 했습니다.

교수님께서는 2009년 12월 우리 잡지가 여러 이유로 종간하게 될 때 우리 잡지를 위해 마지막 글을 써 주셨습니다. 그런데 그 글이 결국 이 세상에서 그 분의 마지막 글이 되고 말았습니다. 그 글에서도 역시 한국 국민과 우리 경제에 대해 깊은 애정이 담긴 훌륭한 조언을 해주셨습니다.

이번에 출판하는 새뮤얼슨 교수의 유고록은 그 분께서 지난 20여 년간 한국경제를 지켜보며 써주신 여러 글 중에서 앞으로 한국의 경제학도, 기업인 그리고 일반인들이 두고두고 생각해 볼 문제들을 주제별로 정리한 것입니다. 노벨 경제학상을 수상하고 수많은 학문적 업적을 남기셨지만 일반인이 알기 쉽게 글을 쓰시는 점이 그 분의 큰 장점이라 생각합니다. 세계적인 경제학자로서, 그리고 우리 회사가 출판하는 잡지에 20년이 넘도록 매월 기고해 주신 분으로서, 고(故) 새뮤얼슨 교수께 심심한 애도의 말씀과 다시 한 번 감사의 말씀을 올리고자 합니다.

1995년 6월 새뮤얼슨 교수님과 나

다시 만날 날을 기약합니다.

새뮤얼슨 교수는 2009년 12월, *DATELINE*에서 *English Netzine*, *ybm english*까지 20년이 넘도록 YBM/Si-sa에 기고해온 칼럼의 마지막 원고를 전해온 후, 12월 13일 영면에 들었다. 마치 삶의 마지막 순간을 예감하고 쓴 듯한 이 글에서 새뮤얼슨 교수는 한국인들에게 진심 어린 마지막 인사를 건넨다.

한 번도 방문한 적이 없지만, 지난 50년간 근면하고 똑똑한 한국인들을 많이 알게 되었습니다. 지금 MIT(매사추세츠 공과대학)와 하버드대학교, 버클리대학교에 다니는 활기찬 한국 학생들만도 수백 명에 이릅니다. 언젠가 그런 한국인들 가운데서 노벨상 수상자가 나올 것입니다.

뉴욕에는 한국인 리무진 기사들이 많이 있습니다. 맨해튼에서 제가 구입한 윤기 흐르는 사과는 수완 좋은 한국인이 운영하는 소규모 상점에서 판매하는 것입니다. 아내와 자녀를 집에 두고 떠난 한국의 남편들은 중동에서 일해 번 돈을 집으로 보냅니다.

1946년 제2차세계대전 종전 이후 일본이 정부 주도로 달성한 기적적 성장에 대해 연구해온 필자는 한국이 일본의 개발정책을 성공적으로 모방하는 모습을 지켜보았습니다. 지금 한국에서 만드는 2개 차종은 이미 일본 도요타의 최고 모델들과 어깨를 나란히 하고 있습니다.

한국은 처음에는 군사독재, 부패관료 등으로 조짐이 별로 좋지 않았습니다. 그럼에도 불구하고 한때 일본 제국주의의 식민지로 아픔을 겪었던 한국이 이제는 환태평양지역에서 서너 번째로 부유한 나라가 되었다는 것을 전 세계가 인정하고 있습니다. 한국 사회에 대한 이처럼 긍정적인 평가와 함께, 이제는 총 인구 20억의 중국과 인도가 새로이 등장하면서 한국과 일본이 미국과 서유럽 사람들을 상대로 이전에 행했던 것을 한국과 일본 사람들을 상대로 되풀이하기 시작하고 있습니다!

새뮤얼슨 교수의 마지막 칼럼

　마오쩌둥 이후의 중국은 향후 20년 이내에 총 실질 국내총생산과 성장률에서 결국 미국을 앞지르게 될 것입니다. 이런 예측을 어디서 처음 들었는지 기억해 두십시오! 귀 잡지의 기고가로서 작별인사를 드리면서, 마지막으로 여러분께 몇 가지 조언을 드리고자 합니다.
　먼저 미국과 중국의 국제협력 노력에 협력은 하되 맹종은 하지 마십시오. 장차 북한의 핵폭탄으로부터 이 두 나라의 보호가 필요하게 될지도 모른다는 사실을 유념하시기 바랍니다.
　한국은 기독교와 유교가 혼합된 사회라서 일본이나 세계 다른 나라들에 비해 특별히 유리한 점이 있습니다. 그래서 한국 지도자들과 국민들에게 앞으로 선량한 행동을 하도록 주문하는 것은 어렵지 않습니다. 선량한 사회가 지향하는 바는 우호적인 이웃입니다. 우호적인 이웃은 남을 속이려 하지 않습니다. 또 지나친 이기주의에 의한 공격적 행동도 삼가려고 노력합니다. 말하긴 쉽지만 지키기 어려울 때가 있습니다.
　금세기에 한국은 일본, 미국, 서유럽, 중국과 함께 일인당 복지가 지속적으로 성장할 것으로 예상됩니다. 오래도록 안락한 삶의 혜택을 누리시길 진심으로 기원합니다. 이런 삶을 누리게 해준 과학의 발전에 감사하시기 바랍니다.
　마지막으로, 공공 부문과 민간 부문에서 중도주의적 '중용'을 택하도록 노력하십시오. 세계 60억 이상의 인구를 통합할 수 있는 것은 스탈린주의나 마오쩌둥주의도 아니고 중도주의밖에 없습니다. 덴마크, 스위스, 핀란드, 노르웨이, 스웨덴 같은 나라들이 중도주의로 어떤 혜택을 받고 있는지 배우십시오. 한국도 같은 혜택을 기대할 수 있습니다. 그 혜택을 마음껏 누리십시오!

목차

특별 기고
"새뮤얼슨 교수를 기억하며"

새뮤얼슨 교수의 생전 마지막 칼럼
"다시 만날 날을 기약합니다"

제1장 세계경제 위기를 넘다

새로운 문제는 새로운 해결책이 필요하다 • 20
달러화의 위기 도래할 것인가? • 24
세계 대공황이 오늘에 주는 교훈 • 28
미국의 경제 지배력 계속될 것인가? • 32
한국과 세계경제가 직면한 문제점 • 36
오바마 대통령에게 행운이 있기를 • 39
왜 중도주의가 필요한가 • 43

제2장 한국경제 진단

세계화의 두 얼굴 • 48
미국과의 특별한 관계 속에서 한국이 나아가야 할 방향 • 51
달러화의 약세, 끝이 보이지 않는다 • 55
급변하는 한국 주변 경제 조류(潮流) • 59
중국의 번영과 한국이 가야 할 길 • 63
한국 불황 최소화할 수 있다 • 67
정부가 환경개혁을 주도해야 하는 이유 • 71
북한 경제개혁 어떻게 할 것인가? • 74
'인적자본'이 제일 중요하다 • 78
한국, 최선의 독자적 경제 모델 모색 중 • 83
한미 자유무역협정은 윈윈 게임 • 87
저출산의 영향은 늦게 나타난다 • 91

제3장 환란의 교훈
혹독한 시련을 겪는 한국경제 · 96
어려운 결정이 필요한 위험한 시기 · 100
한국이 위기를 벗어나는 길 · 105
한국 재벌의 개혁 · 110
건전한 자본주의를 위한 부패 척결 · 114
한국, 일본의 실수를 되풀이해선 안 된다 · 118
부패의 정치경제학 · 122
한국이 미래에 내려야 할 가장 중요하고 어려운 결정 · 126
자유무역이 한국에 주는 약속과 도전 · 131

제4장 미국경제의 진로
세계화, 소득불균형을 조장하는 동시에 완화한다 · 136
이라크전 이후의 불확실한 세계경제 · 140
길고 깊은 경기하강이지 불황은 아니다? · 144
경기회복 속도 느릴 수 있다 · 148
세계적 악성실업 오래간다 · 152

제5장 아시아경제 신조류
동아시아의 번영, 국가 간 화해가 먼저 · 158
중국 위앤화 평가절상이 왜 이로운가? · 162
중국과 미국: 미래의 경쟁자인가, 동반자인가? · 166
아시아 경제기류 어디로 흐르는가? · 170

It is not easy to get rich in Las Vegas, at Churchill Downs, or at the local Merrill Lynch office.

도박판, 경마장, 증권사 객장에서는 떼돈을 벌기가 쉽지 않다. －폴 새뮤얼슨

제 1 장

세계경제 위기를 넘다

새로운 문제는 새로운 해결책이 필요하다 20
달러화의 위기 도래할 것인가? 24
세계 대공황이 오늘에 주는 교훈 28
미국의 경제 지배력 계속될 것인가? 32
한국과 세계경제가 직면한 문제점 36
오바마 대통령에게 행운이 있기를 39
왜 중도주의가 필요한가 43

새로운 문제는 새로운 해결책이 필요하다
New Problems Need New Solutions

2007년 전 세계를 강타한 미국의 주택가격 폭락 사태의 여파가 2008년 세계경제에도 암운을 드리우고 있었다. 검증되지 못한 신종 금융상품이 쏟아져 나오고 낮은 신용등급의 주택 매입자들에게 무분별하게 대출해 줌으로써 빚어진 새로운 금융공황 사태는 1930년대 세계 대공황 시절을 떠올리게 했다. 2008년 금융시장의 안정과 실질성장의 회복을 꾀하기 위한 조치들은 무엇인지 들어본다.

_ybm english 2008년 1월호 게재

경·제·상·식

1 공개시장위원회_ Federal Open Market Committee(FOMC)
미국 중앙은행인 연방준비제도이사회(FRB) 산하 기구로 경제상황과 경기전망을 검토하는 외에 통화 공급량, 단기금리 등을 결정한다.

2 유럽 중앙은행_ European Central Bank(ECB)
유로존의 통화정책 관련 업무를 수행하는 유럽연합의 중앙은행으로 1998년 창설되었다.

3 세계 대공황_ Great Depression
1928년부터 일부 국가에서 일어나기 시작한 공황이 1929년 10월 24일 뉴욕 주식시장의 대폭락에 의한 이른바 검은 목요일에 의해 촉발되어 세계로 확대된 전 세계적 공황을 의미한다. 이로 인하여 제반 물가의 폭락, 생산의 축소, 경제활동의 마비 상태가 야기되었으며, 대량 실업이 줄을 이었다.

4 뉴딜재건금융공사_ New Deal Reconstruction Finance Corporation
대공황 당시 미국의 허버트 후버(Herbert Hoover) 대통령이 세워 철도회사들과 은행들에 자금을 공급했다.

5 유럽연합_ European Union(EU)
유럽의 정치·경제 통합을 실현하기 위해 1993년 발효된 마스트리히트조약에 따라 유럽 12개국이 참가하여 출범시킨 연합기구. 현재 회원국 수는 27개국 미국 연방준비제도이사회(FRB) 공개시장위원회(FOMC)는 12월 중순에 열릴 공개시장위원회 회의에서 2008년에 밀어닥칠 것으로 보이는 미국과 세계의 경기침체를 막고 완만하게나마 실질성장을 지속하고 인플레이션을 억제하는 방안을 마련해야 할 것이다.

이처럼 경기의 불확실성이 이례적으로 높은 이유는 무엇인가? 2006~2007년 미국의 부동산 거품 붕괴는 부동산 가격에 거품이 끼었다가 사그라졌던 과거의 경우들과 판연히 다르다. 똑같다면 미국 연방준비제도이사회와 영국 중앙은행(Bank of England) 그리고 유럽 중앙은행(European Central Bank) 전문가들은 한결 마음을 놓을 수 있었을 것이다.

우리는 경제상황을 겪으면서 부동산 가격 붕괴가 거시경제에 미치는 영향을 어떻게 평가해야 할지 알게 되었다. 부동산 시장이 붕괴되면 집값이 오를 것이라고 낙관하고 주택담보대출을 받은 사람들은 매달 내야 하는 원리금 상환 부담이 커지는 고통을 겪게 될 것이다. 이는 가계의 소비 위축을 유발시켜 소비지출 및 국내총생산(GDP)을 0.5~1% 정도 축소시킬 것이다.

관례적으로 봐도 그렇듯이, 주택가격이 급락하면 주택건설이 위축되고 건설업 종사자들의 소득이 감소된다. 이들 때문에 국내총생산이 0.375% 정도 추가로 줄어들 수 있다. 이 두 요인을 합한 것만으로는 새해 미국과 세계경제를 불황으로 몰아넣기엔 역부족일 것이다.

그러나 대형은행이나 대학 또는 정부기관에 있는 사람들 그 누구도 주택가격 폭락이 이번에는 금융과 신용 시스템 전체를 곤경에 몰

아닐으리라고는 결코 예상하지 못했던 것 같다.

이처럼 전례 없이 위험한 사태의 전개를 어떻게 설명해야 할까? 벤 버냉키 연방준비제도이사회 의장이나 머빈 킹 영국 중앙은행 총재의 연설에서는 신통한 해답을 찾아볼 수 없다. 어떻게 해서 거대한 상업은행들과 투자은행들이 신용도가 낮은 주택 매입자들에게 무분별하게 대출을 해주어 거의 치명적인 손실을 입게 되었는가에 대해 속 시원한 해명이 없다. 그들은 급박한 상황에서의 대처법밖에 모르는 군사령관과 다를 바 없어 보인다.

오늘날의 이 금융파산을 '금융기술자'들이 만들어낸 신종 금융상품들 탓으로 돌리는 것은 나 혼자만이 아닐 것이다. 이 새 금융상품들은 우량과 불량, 보통 모기지(부동산 담보채)를 뒤섞어 만든 유동화증권의 경우에서 볼 수 있듯이 투명하지 못하다.

대형은행들이 한결같이 최대의 손실을 겪고 있는 것은 믿기 어려운 일이지만 사실이다. 이와 동시에 북극권 위쪽에 있는 노르웨이의 소도시들도 미국의 이 병원균에 감염돼 손실을 입고 있다. 만약 소설에서 이런 얘기가 나온다면 믿기지 않을 것이다. 이처럼 세계적으로 금융 붕괴에 가까운 사태가 발생하고 있는 것은 미국 월가에서 만들어낸 애매한 새 금융상품들 때문이다!

이러한 금융공황은 언제 막을 내릴 것인가? 그 누구도 예측조차 할 수 없다. 버냉키 의장이나 (거대한 골드먼 삭스 투자은행장을 지냈던) 헨리 폴슨 미 재무장관도 말이다.

1930년대 세계 대공황 때의 경험에 의하면, 연방준비제도이사회가 별 도움을 줄 수 없던 때 뉴딜재건금융공사가 큰 도움이 되었다는 사실을 나는 기억하고 있다.

연방준비제도이사회의 금리 인하 외에도 국영 주택은행들에 대한 자금 투입이 이루어져야 한다. 투입된 자금 중 일부가 손실을 내도 걱정하지 말자. 세계적인 금융공황이라는 역사적으로 중대한 시기에는 정부기관이 마지막으로 돈을 빌릴 수 있는 곳이 되어 주어야만 한다.

2008~2010년 사이에 세계경제 활동이 위축되는 것을 그대로 방치해서는 안 된다. 하지만 민간시장에 맡겨 두어서는 금융안정의 회복과 지속 가능한 실질성장의 유지를 기대할 수 없다. 미국과 유럽연합(EU)의 거시경제 관리기관들뿐만 아니라 한국과 일본에도 같은 메시지를 전달해야 할 것이다.

달러화의 위기 도래할 것인가?
Dollar Dangers Down the Road?

2008년 말, 달러화가 지속적인 약세를 보이고 있는 가운데, 유로화는 유럽의 경기 하강 조짐에도 불구하고 상대적으로 그 가치가 계속 상승하고 있었다. 새뮤얼슨 교수는 미국인들이 1980년 이후부터 저축을 줄인 채 소비를 늘리고, 서브프라임 모기지 사태 등으로 큰 타격을 입은 후에도 계속해서 소비를 줄이지 않아 이 같은 달러화 약세가 초래되었다고 보았다.

_ybm english 2008년 9월호 게재

경·제·상·식

1 프랑코 모딜리아니_ Franco Modigliani
이탈리아 태생의 미국 경제학자(1918~2003). 사람들은 대체로 남은 평생을 염두에 두고 현재의 소비를 결정한다는 생애주기가설(life-cycle income hypothesis) 이론을 제창했다.

2 실질임금_ real wage
화폐로 받은 임금(명목임금(nominal wage))의 실질적인 구매력을 나타내기 위해 사용하는 임금으로 소비자 물가지수를 고려해 계산한다.

요즘 내가 받고 있는 질문 몇 가지가 있다.

1. 유럽연합(EU)의 경제가 침체에 빠지고 있는 것 같다. 그 이유는 무엇이고 이는 언제까지 지속될 것인가?

2. 달러화의 환율은 무슨 이유로 유로화, 엔화, 원화에 비해 만성적인 하락세를 보이고 있나?

3. 이는 단기적인 등락 현상인가? 아니면 한때 강세통화였던 달러화의 장기적인 가치 하락을 예고하는 것일 수도 있는가?

주의해야 할 것은 예측이란 고작해야 가능성을 추측하는 것에 지나지 않는다는 것이다. 경제에서 미래에 대한 확실성이란 절대 있을 수 없다. 어떤 금융 담당 기자들은 스포츠 담당 기자들의 흉내를 내기도 한다. 만약 대만 선수들이 중국 본토 선수들보다 금메달을 더 딴다면, 그로 인해 대만의 경제성장이 마오쩌둥(毛澤東) 이후의 중국의 성장을 앞지를 가능성이 있다는 식이다.

웃을 일이 아니다. 일부 칼럼니스트들은 요즘 달러화 대비 유로화의 강세가 나타나는 이유가 미국의 국내총생산 증가율이 프랑스, 독일, 아일랜드 및 덴마크의 성장률에 비해 낮기 때문이라고 한다. 그러나 최근 유럽경제가 침체에 빠지고 있다는 조짐이 일부 나타나고 있다. 덩달아 최근 활황을 보이던 아일랜드 경제도 약세로 돌아서고 있다.

이번의 경우 미국이 금융 붕괴를 자초했다. 이를 태국이나 아르헨티나의 탓으로 돌려서는 안 된다. 뒤이어 미국 금융기관들이 파산 직전 상태로 몰리면서 그 여파가 스위스와 기타 유럽 은행들로 급속히 번져갔다.

대형은행들과 대출기관들이 파산 직전에 몰리게 되면 일반 공장과 상점들이 피해를 입는다는 것은 결코 놀랄 일이 아니다. 그렇다면 유럽경제가 침체 국면에 접어든 바로 요즘 유로화가 이토록 강세를 나타내고 있는 이유는 무엇인가? 또 유럽의 경기침체 양상이 미국 못지않은데도 영국 파운드화와 유로화의 강세가 예상되는 이유는 무엇인가?

현실이 그러니 필자는 최근 달러화가 약세를 보이고 있고 앞으로도 그렇게 될 이유가 다른 데 있는 것은 아닌지 살펴볼 필요가 있다고 생각한다. 미국 국민들은 1980년 공화당의 로널드 레이건 대통령 집권 이후 계속 예금을 빼내 써왔고, 미국 소비자들의 과도한 지출은 여전히 계속되고 있다. 그리고 아마도, 일반 시민들이 주택가격의 폭락으로 크나큰 손실을 입은 후에도, 심지어는 오는 11월 대통령 선거에서 민주당이 공화당을 누르고 승리한 후에도 미국의 과소비는 앞으로 더 심해질 가능성이 있다.

중국과 인도같이 경제가 급성장하고 있는 개발도상국들은 미국처럼 과소비를 한다 해도, 환율안정에 큰 문젯거리가 되지는 않을 것이다. 그러나 지금은 고인이 된 MIT(매사추세츠 공과대학)의 경제학자 프랑코 모딜리아니가 예언했던 바 그대로 경제가 급성장하고 실질임금(real wage)이 증가하면 인도와 중국 같은 나라는 과소비보다는 저축을 크게 늘리기 마련이다. 간단히 말해, 이것이 바로 필자가 부시 대통령이 취한 수많은 경솔한 정책들이 나중에 걷잡을 수 없는 달러화의 대량 투매 사태를 불러 일으킬 수 있다고 생각하는 이유이다.

만약 그런 사태가 일어난다면 세계적으로 매우 심각한 금융공황이 나타날 것이 분명하다. 과거의 예를 보면 자본통제와 여타 보호관세가 다시 등장했다.

가장 우려되는 시기는 2008년에서 2012년 정도까지가 아니다. 그때까지는 월요일, 수요일, 금요일에는 달러 시세가 0.5% 하락하고 화요일, 목요일에는 보잉(Boeing) 여객기 대량 수출 주문 같은 호재로 달러 시세가 조금 상승하는 그런 식이 될지 모른다.

세계 시계가 장차 닥칠 태풍을 향해 재깍재깍 움직여 가고 있다면 이런 사소한 시세변동은 아무런 의미가 없다.

세계 대공황이 오늘에 주는 교훈
Lessons for Today from the World Great Depression

버락 오바마 미국 대통령이 등장하면서 많은 이들이 미국의 제32대 대통령 프랭클린 루스벨트를 떠올리고 있다. 루스벨트는 대공황으로 미국 근로자의 4분의 1 가량이 일자리를 잃었던 때에 대통령에 당선되어, 과감히 정부가 적극 개입하는 형태의 '뉴딜(New Deal)' 정책을 추진해 난국을 타개했었다. 심각한 금융위기 속에 백악관에 입성한 오바마가 루스벨트와 같은 결단력을 보여줄지 많은 이들이 주목하고 있다.

_ybm english 2008년 12월호 게재

경·제·상·식

1 중도개혁_ centrist reform
순수 자본주의 경제와 정부통제 경제를 혼합한 경제정책. 루스벨트 대통령이 미국을 대공황에서 탈출시키기 위해 자유방임적 자본주의를 포기하고 중앙정부가 개입하는 통제경제정책(뉴딜정책)을 편 것을 가리킨다.

2 뉴딜정책_ New Deal
프랭클린 루스벨트 대통령이 미국을 대공황에서 탈출시키기 위해 1933~1939년에 실시한, 무제한 개인주의를 수정한 경제부흥 정책

3 유동성 함정_ liquidity trap
중앙은행이 경기 활성화를 위해 아무리 돈을 풀고 금리를 낮춰도 투자와 소비가 소기의 기대효과를 올리지 못하는 상황. 통화정책이 '함정'에 빠진 것 같다고 하여 생긴 명칭

4 밀턴 프리드먼_ Milton Friedman
미국의 경제학자(1912~2006). 자유방임주의와 시장제도를 통한 자유로운 경제활동을 주장했으며, 1976년 노벨 경제학상을 수상했다.

1929년, 자본주의는 쓰러졌다. 누구에 의해서였나? 당시 공화당 출신 대통령이었던 허버트 후버와 억만장자 재무장관이었던 앤드류 멜런에게 가장 큰 책임이 있다.

그때 누가 시장경제를 되살리고 실업과 뒤이은 파산을 대부분 회복시켰는가? 1933년 3월 중도개혁을 시작한 민주당 출신의 프랭클린 루스벨트 대통령이었다.

그러나 그의 뉴딜정책에 따른 적자 예산지출이 고용 증가에 의한 번영을 부활시키기까지 5년 여의 시간이 걸렸다. 인자한 성격의 루스벨트 대통령이 어떻게 미국을 대공황으로부터 벗어나게 했는가? 그가 취한 방식은 사악한 아돌프 히틀러가 1933년부터 1939년까지 했던 것과 같은 것이었다. 두 경우 모두 중앙은행의 정책이나 자유시장의 자율조정 기능이 아닌 적자 예산지출이 성공의 원동력이었다.

두 사람이 취한 조치는 모두 (1) 금이 뒷받침되지 않은 법정화폐를 대량으로 찍어 (2) 헬리콥터로 도시 빈민가와 지방의 빈곤 지역에 뿌리는 식의 단순한 시나리오를 따르는 것이 아니었다. 더 자세한 얘기는 생략하겠다.

독일과 미국 모두 실질소득과 이윤, 생산을 계속해서 높이기 위해, 구매력이 있는 통화를 꾸준히 공급해야 할 필요가 있었다.

세계 대공황 때 캐나다 중앙은행과 미국 연방준비제도이사회가 힘을 잃었던 것은 이상할 게 없다. 두 나라 모두 금리를 제로 가까이까지 떨어뜨렸는데도 이른바 '유동성 함정(liquidity trap)'이 나타났다.

전통적인 공개 시장 매수는 돈을 교묘히 쌓아두는 상황만 초래했을 뿐이다.

밀턴 프리드먼의 거시경제에 관한 저술이나 1980년대 발표된 아이비리그(Ivy League; 미국의 동북부 8대 명문 사립대학)의 세계 대공황에 관한 박사학위 논문들을 봐도 이런 얘기는 읽을 수 없으리라 본다. 이런 연구들로는 불황의 '유동성 함정'에 대처할 수 없었다. 이는 2010년쯤에 가면 깨닫게 될 것이다.

과학은 발전을 가져오기도 하지만, 어쩌겠는가! 때로는 퇴보를 가져다 주기도 한다.

현재의 금융위기의 신호가 나타나기 시작했을 때, 노련한 영국 중앙은행 총재나 새 유럽 중앙은행(ECB) 수뇌부는 당황하여, 제때 행동을 취하지 못했다.

SOS 신호들이 이미 나타나기 시작했는데도 그들은 '인플레이션 목표 관리'와 '도덕적 해이' 같은 쓸모없는 얘기만 하고 있었다. 발등에 불이 떨어지기 직전인데도 말이다.

현재의 혼란스러운 금융 붕괴는 미국과 세계에서 새로운 적자지출이 쏟아져 나와야만 치유될 수 있다는 것이 필자의 최선의 판단이다. 오랫동안 정직한 회계보고로 회귀하지 못했던 만큼 어느 정도 상당한 인플레이션의 위험을 대가로 치러야 할 것이다.

한국에게 전하고 싶은 분명한 메시지가 하나 있다. 그것은 2009~2010년에 공공 부채가 늘어나기 시작하더라도 크게 걱정하지 말라는 것이다. 많은 나라들 또한 그렇게 될 것이다.

자력에 좀더 의지하고 수출주도형 성장에의 의존을 줄여라. 따지고 보면 50년 전 한국은 거대한 독과점 기업들의 무분별한 제품 양산과 정경유착이라는 일본의 특이한 패턴을 상당 부분 따랐기 때문에 혜택을 누렸다고 할 수 있다.

오늘날에는 스위스나 핀란드 같은 작은 나라들이 어떻게 성공했는지를 살펴보는 것이 더 바람직한 패턴일 수 있다. 1980년 이후 미국 공화당 정부가 추구해온 정부 개입 없는, 자유방임의 패턴은 반드시 피해야 한다. 지금 금융 붕괴가 세계 곳곳으로 확산되고 있는 이유가 바로 그 때문이다.

미국의 경제 지배력 계속될 것인가?
Will America's Economic Leadership Last?

국제 금융위기로 미 달러화를 대신하는 기축통화를 만들어야 한다는 주장이 곳곳에서 대두되었다. 이 같은 주장을 한 대표적인 국가가 중국, 러시아, 베네수엘라 등인데, 중국과 러시아는 국제통화기금(IMF)이 만든 특별인출권(SDR)을 새 기축통화로 지지했고, 베네수엘라는 남미 경제블록의 단일통화 '수크레(Sucre)화'를 제안했다. 엄청난 속도로 성장하고 있을 뿐 아니라 인구까지 많은 중국이나 인도에 미국이 결국 지도국의 위치를 내줘야 할 것으로 보는 전문가들도 적지 않다.

_ybm english 2009년 5월호 게재

경·제·상·식

1 금본위제_ gold standard (system)
화폐단위의 가치와 금의 일정량의 가치가 등가관계(等價關係)를 유지하는 본위제도

2 존 메이너드 케인스_ John Maynard Keynes
영국의 경제학자(1883~1946). 정부의 재량적인 정책에 의한 유효수요를 창출해 대량 실업을 없애고 완전고용을 달성할 것을 강조하는 케인스 경제학 이론을 창시했다.

3 조지프 알로이스 슘페터_ Joseph Alois Schumpeter
오스트리아 출신의 미국 경제학자(1883~1950). 경기순환에 관한 이론과 역사·통계의 종합적 성과인 〈경기순환론(Business Cycles, 1939)〉을 저술했으며, 케인스와 더불어 20세기 전반의 대표 경제학자로 평가된다.

4 마셜플랜_ Marshall Plan
제2차세계대전 후, 1947년부터 1951년까지 미국이 서유럽 16개 국가에 실행한 대외원조계획

제 1 장_ 세계경제 위기를 넘다

옛날, 즉 제1차세계대전(1914~1918) 이전에는 국제통화가 하나 뿐이었다. 바로 금본위제(金本位制)였다. 금이 화폐이다 보니 금광이 발견되어 화폐로 만들 수 있는 금의 총량이 늘어났다면, 틀림없이 전 세계적으로 물가가 상승했을 것이다. 크리스토퍼 콜럼버스가 이런 경제 인플레이션의 교훈을 우리에게 가르쳐 주었다.

올라간 것은 나중에 내려가기 마련이다. 끔찍한 세계 대공황(1929~1939)이 발생한 이유 중 하나는 바로 금의 부족이었다. 20세기 초 세계 인구 증가와 1인당 생활수준의 급상승을 따라잡을 수 있을 만큼 충분한 양의 금이 중남미와 캘리포니아, 호주, 캐나다-알래스카 지역에서 발견되지 못했기 때문이다.

세계 대공황은 금본위제를 옹호하는 보수주의자들에게는 어쩔 수 없이 받아들여야 하는 고역이었다. 유럽에서는 영국의 경제학자 존 메이너드 케인스, 그리고 미국에서는 프랭클린 루스벨트 대통령의 설득과 용기 덕분에 금속 화폐가 아닌 지폐를 대량으로 발행해 금화 대신 통용시켜 슘페터가 내다본 전후 번영의 신시대를 뒷받침할 수 있었다.

자연이 공백 상태를 싫어하는 것과 마찬가지로 국제 조직에도 지도 국가가 필요하다. 그래서 미국이 세계 지도자로 전면에 나서게 되었다. 왜, 어떻게 그렇게 되었을까? 1945년 2차세계대전이 종식될 당시 유럽과 아시아는 폐허와 혼란으로 허덕였으나 미국은 인구가 세계 인구의 6% 남짓이면서도 세계 생산량의 40% 정도를 차지하고 있었으니 당연한 결과였다.

33

그 정도의 지배력은 오래 가지 않았고 그럴 수도 없었다. 미국이 추진한 관대한 마셜플랜 덕분에, 서유럽과 일본, 한국, 홍콩, 대만, 싱가포르 등 환태평양 국가들이 부흥하면서 미국의 전 세계 재화 및 용역 점유율은 곧 40%에서 30%로, 그리고 마침내는 겨우 20%로 떨어졌다.

이 정도의 지배력이나마 지속될 수 있었을까? 아니었다. 중국과 인도 그리고 옛 냉전시대의 소련이 경기침체에서 깨어나 한국과 일본이 걸었던 수출주도형 성장의 길을 답습했는데, 그들의 우수한 저임금 노동자들이 선진국들의 기술을 충분히 습득할 수 있었기 때문이다. 이를 통해 중국과 인도는 미국, 유럽연합(EU) 또는 한국과 일본보다 두 배 이상 빠른 비율로 성장을 지속할 수 있었다.

그리고 이런 성장률의 격차는 앞으로 몇십 년 동안 지속될 가능성이 있다. 중국과 인도는 각기 노동 인구가 미국과 EU의 5배인 10억이 넘기 때문에, 미국의 경제적인 지배는 지속될 수 없고 지속되지도 않을 것이다.

금과 미국 달러화 모두를 대신할 수 있는 새 국제통화가 등장할 것이라는 헤드라인을 볼 때는 이 같은 기본 사실을 이해해야 한다.

부시 대통령의 어리석은 경제 및 지정학적 정책 때문에, 러시아와 EU의 비핵심 회원국의 외교수장들은 미국보다는 중국 편을 들 가능성이 있다. 이는 바로 오바마 대통령이 전임 부시·체니 행정부로부터 물려받은 현실이다.

현대 거시경제학이 세계 대공황으로부터 얻은 교훈은 악화되는 경기침체의 세계적 악순환을 막기 위해서는 신규 과세로 충당되지 않는 대규모 공공 지출이 지금 절대적으로 필요하다는 것이다. 독일과 프랑스의 지도자들이 오바마 대통령의 대규모 공공 지출 정책 실시 호소를 거부하고 있는 것은 스스로 자신의 목을 조르는 일이라는 사실을 깨닫지 못하는 어리석은 행동에 다름없다.

그들의 완고한 반대로 미국도 물론 피해를 입을 것이다. 그러나 그들이 자초한 피해는 미국이 입은 피해보다 더 클 것이다. 유럽의 단일통화인 유로화가 처음 통용되고 새 유럽 중앙은행(ECB)이 문을 열었을 때, 유럽 밖의 젊은 경제학자들은 바로 지금과 같은 상황이 발생할 것임을 정확히 경고했다. 즉 독일의 중앙은행이 인플레이션을 지나치게 두려워하는 편집증적인 정신상태를 나타내리라는 것이었다.

유럽의 경기침체는 아직 끝나지 않았고 또 더욱 악화될 것이며, 안타깝게도, 유럽 지도자들은 이를 통해 거시경제의 교훈을 어렵사리 깨닫게 될 것이다.

한국과 세계경제가 직면한 문제점
Future Troubles May Await South Korea and the Global System

2009년 당시 우리 나라의 노동시간은 연간 2,400시간으로 OECD(경제협력개발기구) 회원국 중 가장 길었고, 현재도 가장 길다. 그만큼 일에 많은 시간을 투자하고 근면한 사람들이 많은 국가가 바로 한국이지만, 중국과 인도에 비해 고임금에, 부족한 노동 인구와 수출의존형 성장 등의 취약점으로 앞으로 경제위기를 잘 버텨낼 수 있을지 우려되는 부분도 적지 않다. 세계 경제위기가 장기간 지속될 것으로 전망되는 가운데, 한국은 어떤 대책을 강구해야 하는지 들어보았다.

_ybm english 2009년 6월호 게재

경·제·상·식

1 자와할랄 네루 _Jawaharlal Nehru
인도의 독립운동가 겸 정치가(1889~1964). 비폭력 평화주의자 간디와 달리 적극적 파업으로 독립운동을 이끌었다. 인도 독립 이후 초대 인도 총리를 역임했다.

2 잃어버린 10년_ lost decade
1991년부터 2002년까지 지속된 일본의 극심한 장기침체기

제 1 장_ 세계경제 위기를 넘다

제2차세계대전이 일어나기 전 수십 년 동안 한국은 일본의 식민지로서 착취를 당했다. 1945년 일본이 항복하자 한국은 기적에 가까운 경제개발을 이룩하기 시작했다.

그런데 아이러니하게도 한국은 성장과정에서 일본이 걸었던 길을 거의 그대로 답습했다. 관료주의와 독과점, 몇몇 부패한 독재자들의 장기 집권이 바로 그것이다.

한국이 1960년부터 2000년까지 눈부신 경제발전을 이룩한 이유는 무엇인가? 첫째는 한국인들은 소문날 정도로 근면한 사람들이고, 둘째는 미국과 서유럽에서 도입할 수 있었던 기술을 모방하는 데 탁월했기 때문이었다.

2000년 이후 한국은 중대한 새 도전에 맞서야 했는데 20억의 노동 인구를 앞세워 새 수출국으로 부상한 마오쩌둥 이후의 중국과 네루 이후의 인도와의 경쟁이다.

한국이 당면한 이런 어려움은 지금의 세계적인 금융 붕괴로 더욱 가중되고 있다. 경기침체는 앞으로 여러 해 동안 계속될 것으로 보이며 그 책임은 조지 부시 대통령의 공화당 정부가 8년에 걸쳐 무모하게 기업규제를 완화한 데 있다고 본다. 이번 경기침체는 1929년부터 1939년까지 지속된 대공황만큼이나 심각하고 오래갈 기세이다.

한국이 오바마 대통령이 구성한 미국의 뛰어난 새 거시경제정책 팀이 결국 중도주의 정책을 포용하리라고 기대하는 것은 당연하다. '잃어버린 10년'이 세계 무대에서 되풀이되는 것을 피하려면 중도주의 정책이 필요할 것이다.

결국 대공황에 종지부를 찍은 것은 루스벨트 대통령과 케인스가 주장한 지속적인 적자 재정지출이었다. 한국의 경제 전문가들도 이런 기본적 사실을 인식하고 있을까?

한국의 경제 전문가들이 이를 인지하고 있다면 워싱턴에서 나도는 뜬소문에 시간과 정력을 낭비하지 않을 것이다. 진정한 회복이 언제 올 것인지는 아무도 장담할 수 없다. 오바마 정부의 경제위기 대책반의 일부가 잘못된 결정을 내렸을 수도 있지만 이런 반론의 여지가 있는 문제는 무시하도록 해야 한다.

필자는 한국인들을 대상으로 한 칼럼을 통해 다음을 누차 충고했다. 첫째, 근면한 한국인들은 전보다 더욱 열심히 일해야 한다. 둘째, 수출주도형 발전이 과거에는 효과가 있었지만 이제는 약발이 다해가고 있다. 그와 같은 패턴을 보완할 수 있도록 대외무역과는 별도로 국내에서 유용한 적자지출 개발 프로젝트를 새로이 꾀해야 한다.

마지막으로, 가슴 아프지만 한국 그리고 한국과 비슷한 처지에 있는 아시아 국가에 진지하게 다음과 같은 경고를 하지 않을 수 없다.

미국 달러화의 장기적 전망은 가늠하기가 어렵다. 미국은 저축률이 낮은 국가가 되었는데, 이는 바로 고소비 국가라는 뜻이다. 앞으로 5년 혹은 그 이후에는 달러화에 대한 혼란스러운 투매가 나타날 것으로 예상된다. 언젠가 그렇게 된다면, 1930년대 세계 대공황과 현 세계 대불황에 이은 세 번째 세계 금융위기가 닥칠 것은 너무나 자명하다. 그때는 미국이 아닌 중국이 세계 경제대국이 될 것이다. 이 암울한 경고를 어디서 처음 들었는지 기억해야 할 것이다.

오바마 대통령에게 행운이 있기를
Wishing for President Obama's Good Luck

2008년 말 오바마 대통령이 당선될 당시, 많은 이들은 최초의 흑인 대통령이 지력과 기지를 발휘해 부시 공화당 정부 시절에 축적된 과오를 빠른 시일 내에 바로잡아주리라 믿었다. 하지만 취임 200일을 넘긴 그의 지지율은 취임 이래 최저인 50% 이하로 하락하는 등 심상치 않은 행보를 보였다. 이런 지지율 하락의 주원인은 오바마 행정부의 경제정책에 많은 국민들이 불만을 나타내고 있기 때문이었다. 이처럼 오바마 대통령의 경제정책이 국민의 반대에 부딪히고 있는 이유는 무엇이며, 이를 해결할 방책은 무엇인지 들어본다.

_ybm english 2009년 10월호 게재

경·제·상·식

1 (정치적) 밀월_ honeymoon
미국 언론의 경우 새 대통령이 취임하면 한동안 새 대통령에 대한 평가나 판단을 유보한 채 긍정적 시각을 유지하는데, 이 기간을 '(정치적) 밀월'이라고 한다.

2 혼합경제_ mixed economy
정부가 민간 경제활동에 개입하는 경제체제로 자본주의와 사회주의, 시장경제와 계획경제의 특징이 혼합된 경제

3 차입투자_ leveraging
'레버리징'이라고도 하며 돈을 대출 받아서 투자를 하여 수익률을 높이는 행위를 뜻한다.

4 프리드리히 아우구스트 폰 하이에크_ Friedrich August von Hayek
오스트리아 태생의 영국 경제학자(1899~1992). 시장에 대한 정부의 통제와 개입이 인플레이션, 실업, 경기침체 등과 같은 경제적 불안정을 초래한다고 주장했다. 1974년에 노벨경제학상을 수상했다.

20^{08}년 11월 대통령 선거에서 미국 유권자들이 버락 오바마 민주당 후보에게 압도적인 승리를 안겨주었을 때, 노련한 분석가들은 오바마 대통령의 정예 경제팀이 '밀월' 기간인 첫 해 안에 전 세계를 지독한 금융 붕괴로 몰아넣은 공화당 정부 4년의 실책으로 떠안게 된 피해를 대부분 신속하게 복구할 것으로 여겼다.

프랭클린 루스벨트 대통령은 1932년 대통령 선거에서 허버트 후버 공화당 대통령에 압승한 뒤 곧바로 그의 뉴딜정책을 실시해 성공을 거두었다. 당시 뉴딜정책에 반대한 국회의원들과 언론은 루스벨트 대통령을 공산주의자 또는 그보다 더 악한 인물이라고 비난했다. 그러나 루스벨트 대통령의 능변과 유머는 그에게 식을 줄 모르는 큰 인기를 안겨 주었다. 그래서 그는 네 차례나 연속으로 4년 임기 대통령에 당선되었다.

따라서 루스벨트 대통령은 자본주의를 구했다고 말할 수 있다. 한 걸음 더 나아가, 그는 수십 억의 비독일인을 상대로 악행을 저지르려던 아돌프 히틀러의 악랄한 대량학살 계획을 성사 직전에 좌절시키고 온 세계를 구출했다고도 말할 수 있다.

1939~1941년 제2차세계대전 중 패색이 짙었던 영국을 구한 것은 루스벨트 대통령의 책략과 수완이었다. 미국 국민들은 일본이 경솔한 오판으로 하와이의 진주만을 폭격하고 나서야 비로소 일치단결해 독일과 이탈리아, 일본을 상대로 전면전을 벌였다.

금융시장의 합리적 규제 회복, 보험제도 개혁 등 미국이 필요로 하는 오바마 대통령의 계획이 차질을 빚으며 지연되고 있는 것은 다음과 같은 이유들 때문이라고 생각한다.

첫째, 개혁에 반대하는 로비스트들이 1929~1939년 대공황 때는 볼 수 없었던 규모의 돈을 뿌려 방해하고 있다.

둘째, 오바마 대통령은 지력과 지혜를 갖춘 인물이지만, 피부색이 부정적인 요인으로 작용하고 있다. 지금부터 50년 후 그는 워싱턴과 링컨, 루스벨트, 케네디 등 역대 대통령과 함께 위대한 대통령으로 역사책에 기록될 테지만, 그때는 그때고 지금은 지금이다.

셋째, 지금 미국과 세계의 많은 국가들이 직면하고 있는 금융 붕괴의 혼란은 후버 대통령과 루스벨트 대통령이 1925~1935년 당시 직면해야 했던 것보다 훨씬 심각하다. 당시에는 곡물가격이 치솟았다 거품이 꺼져 폭락하면서 지방 은행들이 먼저 파산했다. 미국 금융계도 그리 깨끗하지는 않았지만 투명성은 그런대로 유지되었다.

이와 대조적으로 이번에는 시카고대학, MIT(매사추세츠 공과대학), 하버드대학, 그리고 펜실베이니아대학 와튼 경영대학원의 금융공학 전문가들이 착상해낸 괴물같이 극악한 책략이 모든 투명성을 파괴하면서 동시에 투자자들로 하여금 위험하고 과도한 차입투자를 하도록 유도했다. 이 때문에 정통적 중앙은행체제는 중도주의적 혼합경제(mixed economy)에 자리를 내줄 수밖에 없었다.

워싱턴, 제퍼슨, 애덤스, 매디슨 등 네 대통령과 해밀턴 초대 재무장관 등 미국 건국의 아버지들이 우려했던 것은 과연 거대한 민주주의체제가 궁극적으로 성공할 것인가였다. 역사적으로 우리에겐 행운이 따랐다. 그러나 어쩌다 오로지 행운에 의존할 수밖에 없게 된 제도는 취약할 수밖에 없다.

미래는 중도주의적 혼합경제가 되어야 할 것이다. 그 외에는 어느 것도, 즉 프리드먼-하이에크의 자유시장경제나, 스탈린-마오쩌둥의 좌익주의도 힘을 쓰지 못할 것이다. 따라서 혼합경제에 행운이 있기를 바랄 뿐이다.

왜 중도주의가 필요한가
Why a Return to Centrism is Needed

리먼 브러더스 사태를 필두로 세계적인 금융위기가 촉발된 지 1년이 지난 2009년, 세계는 여전히 금융위기의 늪에서 헤어나오지 못하고 있었다. 부시 행정부 시절의 무분별한 규제완화가 위기를 초래한 원인 중 하나임을 부인할 수 없다. 금융위기 해결을 위해서는 정부가 경제를 시장의 흐름에만 맡겨둘 것이 아니라 시장에 적극 개입할 필요도 있다.

_ybm english 2009년 11월호 게재

경·제·상·식

1 리먼 브러더스_ Lehman Brothers
미국 5대 투자은행의 하나로 리먼 브러더스의 파산을 시작으로 전 세계적인 연쇄 금융위기가 확산되었다. 리먼 브러더스는 2008년 9월 파산했다.

2 엔론 시대_ Age of Enron
기업 역사상 최대의 회계부정으로 2001년 파산한 미국의 대형 에너지 기업 엔론(Enron Corporation)처럼 기업의 분식회계가 성행하던 시대

3 롱텀캐피털매니지먼트_ Long-Term Capital Management
미국의 투자 전문가 존 메리웨더가 두 명의 노벨 경제학상 수상자와 월가에서 잘나가던 투자자들을 모아 출범한 헤지 펀드. 그러나 러시아 루블화와 연계된 파생상품에 투자했다가 막대한 손해를 입고 결국 파산 신청을 했다.

세계 금융시스템은 여전히 심각한 붕괴상태에 빠져 있다. 근본 원인은 미국정부가 경솔하게도 관료들과 은행들로 하여금 정부의 규제가 없으리라고 기대하도록 모험을 한 데 있다. 그렇게 된 것은 로널드 레이건과 두 조지 부시 행정부 때 공화당이 선거에서 승리했기 때문이다.

강력한 대중적 중도주의 정책을 도외시한 규제 없는 자유주의 정책은 언제 어디서나 자멸할 것임을 역사는 기록하고 있다. 혹자는 1년 전 리먼 브러더스 투자은행 파산이 지금과 같은 공황상태를 촉발했다고 생각한다. 이는 잘못된 생각이다. 리먼 브러더스가 구제금융으로 파산을 면했다면 그것으로 끝날 문제였다. 문제는 그에 앞서 오래 전부터 금융시스템이 부패하고 있었다는 것이다. 또 다른 거대한 부실 투자은행인 베어 스턴스도 이미 부패하도록 방치된 상태였다.

분식회계가 성행하던 엔론 시대(Age of Enron)에도 상당한 책임이 있다. 이같은 부정행위 또한 로널드 레이건 대통령, 칼 로브 고문, 리처드 체니 부통령 시대부터 시작된 것이다. 한때 막강했던 미국은 20세기 후반에 누리던 힘과 영향력을 영구히 상실했다.

1970년대와 1980년대에 경제학을 공부했던 영국과 미국의 거시경제학자들은 이러한 금융위기를 미리 예견하고 이에 어떤 합리적인 대책을 세워야 할 것인지를 생각해내는 데 상당히 무능했음이 드러났다.

1929~1939년 세계 대공황과 비교해 볼 필요가 있다. 허버트 후버 대통령은 상황이 매우 심각했던 1929~1933년 당시 실업과 경제적 불

평등을 줄이는 노력에 소홀했다. 프랭클린 루스벨트 대통령이 1933~1945년 사이에 치러진 네 차례의 대통령 선거에서 모두 압승을 거둔 것은 이 때문이다. 국민경제 구출작전이 절실한 시기였고, 그에 대한 국민의 지지는 이를 이루어내게 했다.

프랭클린 루스벨트 대통령의 뉴딜정책 시기에 활약했던 일부 현명한 경제 전문가들은 앨런 그린스펀 전 연방준비제도이사회 의장에게 위기대처 방안을 세울 것을 경고했다. 그러나 그는 다가오는 폭풍을 예견하지 못하고, 은행, 기업 및 주택담보대출기관들에 대한 새로운 규제가 분명히 필요하다는 것을 깨닫지 못했다. 노련한 거시경제 전문가들은 1990년대에 있었던 롱텀캐피털매니지먼트의 붕괴에서 교훈을 얻었다.

과거의 우울한 역사 얘기는 그만하고 이제 앞으로 일어날 일에 초점을 맞추는 것이 중요하다. 물론 불황으로 인한 고용 및 소비자 근로소득의 감소와 기업의 투자 기피 현상은 곧 잦아들 가능성이 상당히 높다.

주식시장 투자자들이 이 같은 현상을 반길 테지만, 그런 낙관은 큰 오산이다. 미국, 한국, 중국 그리고 그 밖의 나라들이 알아야 할 것은 건전한 회복이 언제 시작되느냐이다.

사람들은 노련하고 정통한 거시경제학자들에게 어떻게 하면 강력한 경기회복을 촉진할 수 있냐고 묻는다. 대답은 하나뿐이다. 그것은 루스벨트 대통령의 뉴딜정책이 미국의 자본주의를 회복시켰을 때 적용했던 해결책과 동일하다.

당시 효과가 있었던 것은 대대적 적자 예산지출이었다. 따라서 한국의 관측통들은 불안감을 떨쳐 버리려면 세계의 많은 나라들이 과도한 적자 예산지출을 단행하기를 바라야 할 것이다.

적자 예산지출 때문에 앞으로 2년 안에 걷잡을 수 없는 인플레이션이 나타나리라고 생각해서는 안 된다. 지면 부족 관계로 다루지 못한 문제가 있다. 2010년 자본주의는 파탄을 면했지만 그 때문에 2012~2014년 달러화의 안정에 다소 좋지 않은 결과를 가져올 수 있지 않겠느냐는 것이다.

제2장

한국경제 진단

세계화의 두 얼굴　48
미국과의 특별한 관계 속에서 한국이 나아가야 할 방향　51
달러화의 약세, 끝이 보이지 않는다　55
급변하는 한국 주변 경제 조류(潮流)　59
중국의 번영과 한국이 가야 할 길　63
한국 불황 최소화할 수 있다　67
정부가 환경개혁을 주도해야 하는 이유　71
북한 경제개혁 어떻게 할 것인가?　74
'인적자본'이 제일 중요하다　78
한국, 최선의 독자적 경제 모델 모색 중　83
한미 자유무역협정은 윈윈 게임　87
저출산의 영향은 늦게 나타난다　91

세계화의 두 얼굴

Globalization's Bounties and Its Discontents

환란이 지나고 난 2000년 중반, 세계는 세계화(globalization)라는 강한 열풍에 휩싸였다. 그러나 세계화는 원원의 동반 성장이라는 장점과 한 국가 내의 소득불균형의 확대라는 단점을 함께 갖고 왔다. 이 같은 부작용을 최소화할 방안을 들어본다.

_ybm english 2006년 4월호 게재

경·제·상·식

1 징세와 지출_ tax-and-spend
정부 지출, 특히 사회복지사업을 위한 징세와 지출을 말한다.

2 시장메커니즘_ market mechanism
시장에서 어느 정도의 거래가 이루어지는가는 상품시장(실물시장)에서는 가격, 자금시장(금융시장)에서는 금리가 중요한 역할을 수행한다. 그 결과 금리가 상승하면 수요가 감소하고 공급이 늘며 그 결과 수요가 위축되고, 공급과잉이 되면 반대로 가격과 금리가 낮아진다. 이렇게 가격이나 금리를 매개로 하여 탄력적인 움직임으로 수급이 유연하게 조정되는 구조를 시장메커니즘이라고 한다.

제 2 장_ 한국경제 진단

세계의 각 지역이 지리적으로 전문화된다면 전 세계의 총생산과 성장률은 분명히 극대화될 것이다. 그리고 크든 작든 모든 지역의 평균 생활수준이 전체적으로 높아질 것이다.

한국은 세계화의 이러한 진실을 알고 있다. 한국 국민들은 오늘날 이전 세대들보다 생활수준이 나아졌고 수명도 길어졌다. 반면, 북한은 일당독재의 거짓된 사회주의 관료체제에 갇힌 채 여전히 극도의 빈곤에 빠져 있다.

경제사는 자유무역의 세계화가 인류에게 이롭다는 것을 거듭 우리에게 가르쳐 주고 있다.

제2차세계대전 이후 역사를 보면 미국은 경제성장을 지속하긴 했지만 미국보다 임금수준이 낮은 유럽연합(EU)과 태평양 연안의 일본, 홍콩, 싱가포르, 한국, 대만보다 성장률이 낮았다.

세계화는 항상 쌍방에 유리한 것인가? 일반적으로는 그렇다. 환태평양 지역은 폭발적인 성장을 누리고 있고 미국의 성장속도는 다소 느리다 해도 상황은 여전히 낙관적이다.

혼합경제란 모든 활동이 수요와 공급의 시장경쟁에서 이루어지지만 (1) 민주 정부가 나서서 독점을 규제하고 (2) 거시경제적 재정과 통화정책을 써서 경기의 상승과 하강을 안정시키고 (3) 징세와 지출 정책을 통해 경쟁의 승자와 패자가 수익의 일부를 나누는 경제체제이다.

21세기의 세계화 체제 하에서는 시장메커니즘(market mechanism)이 유감스럽게도 소득과 부의 불균형을 심화시킬 것이다. 다시 말하자면 미국이나 서유럽과 크고 작은 신흥공업국들에서 소득과 능력이 가장 적은 계층이 세계화의 혜택에서 가장 많이 소외될 것이라는 뜻이다.

현대 민주 국가에서는 유권자들이 세계화가 진전되면서 나타나는 이러한 현상들에 강력히 불만을 표출할 경우 국가가 나서서 경감시켜 줄 수 있다.

그러자면 어떤 예를 모범으로 삼아야 할까? 부시 대통령이 이끄는 오늘날의 미국 공화당 정부는 분명 아니다. 과거 프랭클린 루스벨트 대통령과 존 케네디 대통령이 이루어 놓았던 사회복지체제는 영화배우 로널드 레이건이 1980년 대통령에 당선된 이래 공격을 받고 있다. 지금부터 2016년까지 미국 국민들의 사회보장과 노령의료보험에 대한 신성불가침의 수급 권리는 크게 축소될 것이다.

인정 있고 남에게 최소한의 호의를 보일 줄 아는 한국인들은 노르웨이, 핀란드, 덴마크, 아일랜드 또는 네덜란드 같은 작은 나라들의 전례를 따르는 것이 좋을 것이다. 이 나라들은 세계화 체제 아래에서도 번영을 누리고 있다.

그러나 사유재산 시장메커니즘에 너무 개입하다 보면 몇십 년 전의 스웨덴처럼 사회가 발전적인 활력을 잃을 수 있다. 한국인들은 원한다면 모든 사람들에게 혜택이 돌아가도록 '균형 잡힌 대안'을 지향하고 발견할 수 있을 것이다.

미국과의 특별한 관계 속에서
한국이 나아가야 할 방향
A Special Korea-America Relationship?

6·25전쟁 이후 한미 양국간의 관계는 원조와 이념의 공조로 시작되었다. 양국 간 2000년대 중반 무역규모를 보면 이들이 얼마나 밀접한 관계를 가지고 있는지 알 수 있다. 또한 북한문제, SOFA 협정, FTA 체결 등 여러 문제들로 한국은 미국과 긴장 상태에 있기도 했다. 한국이 미국과의 우호적인 관계를 유지하면서도 독자적으로 나아갈 수 있는 방향은 무엇인지 들어본다.

_English Netzine 2003년 6월호 게재

경·제·상·식

1 태국 금융공황_ panic in Thailand
1997년 7월 2일 태국의 바트화가 폭락하면서 순식간에 필리핀, 인도네시아, 말레이시아, 한국 등으로 확산된 아시아 금융위기를 말한다.

2 국제통화기금_ International Monetary Fund(IMF)
가맹국의 출자로 공동 기금을 만들어 이를 각국이 이용하도록 함으로써 각국의 외화자금 조달을 원활히 하고 세계의 경제적 번영을 목적으로 하는 기구. 1947년 3월 설립됐다.

3 정실주의(情實主義)_ cronyism
사람을 공직에 임용할 때 개인적인 친분 관계를 바탕으로 임용 기준을 정하는 제도

4 포트폴리오_ portfolio
다양한 투자 대상에 자금을 분산 투입하여 운용하는 일

5 석유수출국기구_ Organization of Petroleum Exporting Countries(OPEC)
1960년 바그다드에서 이란·이라크·사우디아라비아·쿠웨이트·베네수엘라의 5대 석유수출국이 국제 석유 자본에 대한 발언권 강화를 위해 결성한 기구. 현재 12개국이 가입되어 있다.

미국과 영국 국민들은 오랫동안 양국민이 '특별한 관계'를 누려온 것을 고맙게 생각하고 있다. 최근의 흐름을 보면 한국과 미국도 이와 다소 비슷한 특별 관계를 형성하고 유지해 나갈 희망이 보인다.

좋은 징조들이 있다. 두 나라는 서로 간의 상품 거래와 국경을 넘는 자본투자로 상호 이익을 얻고 있다. 물론 미국이 한국보다 훨씬 큰 나라이기는 하다. 그러나 그 때문에 서로 존중하는 마음의 균형이 깨어져서는 안 된다.

1997년 태국에서 금융공황 사태가 터져 세계로 확산되었을 때 국제통화기금(IMF)과 미국정부는 한국에게 자유무역의 원칙을 고수하는 한편 관료와 기업의 '정실주의(cronyism)'를 규제하도록 촉구했다. 한국은 이를 따랐지만, 말레이시아 같은 나라는 이를 한사코 거부했다.

한국경제는 말레이시아와는 판이하게 빠르고 만족스러운 회복을 보였다. IMF의 권고를 외면한 다른 많은 나라들은 직접적인 자본통제와 그 외의 보호무역주의적 조치에 의존할 수밖에 없었다. 그러나 기대했던 단기적인 효과들은 이내 사라졌다.

한국이 미국과 특별한 관계에 있다고 해서 대미 무역흑자로 매입했던 저리의 단기 미국 국채를 한국이 못 팔 이유는 없다.

만약 필자가 한국의 거시경제 정책을 담당하고 있다면 한국에게 2006~2008년 사이에 달러 자산의 일부를 이율이 낮은 미국의 국공채에서 빼내 미국과 세계의 일반주에 폭넓게 투자하도록 권고할 것이다. 위험도를 반영해 조정한 수치상으로 수익률을 비교해 볼 때 주식 중심의 포트폴리오가 지난 80년 이상 동안 채권 중심의 포트폴리오를 앞섰다.

사실, 전 세계의 신중한 정부들, 이를테면 노르웨이나 석유수출국기구(OPEC) 소속의 중동 국가들도 자산 포트폴리오 중 국제 비중은 미국이나 영국, 프랑스의 경우와 다르지 않다. 이러한 일반적인 투자 균형을 취하고 유지하는 것이 달러화나 미국 국민들에 대한 적대행위가 될 수는 없을 것이다. 한국의 사회보장 퇴직연금제도의 개혁에서도 같은 전략을 취하는 것이 적합할 것이다.

신흥국가는 어떤 나라를 모범으로 삼아야 할 것인가를 신중히 선택해야 한다. 원래의 유럽연합(EU) 핵심 국가들인 독일, 프랑스, 이탈리아가 최근 몇십 년 동안 심하게 허우적거리고 있다면 이 나라들의 노조 구조는 현재도 그렇지만 앞으로도 한국에 분명 별다른 매력을 주지 못할 것이다.

한편 덴마크와 같은 작은 국가들의 본보기에서도 배울 게 많을 것이다. 덴마크는 독일, 프랑스 또는 이탈리아의 절반밖에 안 되는 실업률을 유지하고 있다. 이것이 어떻게 가능할까? 덴마크에서는 사람들이 실직했을 때 적절한 재교육 프로그램에 참가한다는 조건으로 실업보험금을 지급하기 때문이다.

이와 함께 실업자들은 자신에게 주어지는 일자리를 흔쾌히 받아들여야 한다. 정부의 실업보험금에만 의지한 채 무위도식하며 세월을 보낼 수 없는 시스템이다.

덴마크에서는 이러한 복합적 실업정책이 성공을 거두고 있다. 고용주는 상황이 변했을 때 근로자들을 자유로이 해고할 수 있다. 고용주와 근로자 모두 해고된 근로자가 다른 직업을 찾을 수 있으리라는 것을 알고 있기 때문이다. (물론 새 일자리를 찾더라도 항상 임금이 같을 수는 없고 또 전에 쓰던 기술이 필요하지 않을 수 있다.)

달러화의 약세, 끝이 보이지 않는다
No End in Sight for the Depreciating Dollar

지난 2007년 초 원-달러 환율이 급락해 달러당 800원대로 떨어지는 것이 아니냐는 우려를 낳았다. 원화가 강세를 보이자 수출주도의 한국경제에 비상이 걸렸다. 달러화는 현재에도 약세를 보이고 있다. 달러 약세 시대에 한국경제는 어떤 방향으로 나아가야 할지 들어본다.

_ybm english 2007년 2월호 게재

경·제·상·식

1 조세피난처_ tax haven
외국 투자가의 입장에서 본 저과세 또는 무과세 국가나 지역

2 디플레이션_ deflation
인플레이션으로 떨어진 화폐가치를 높이기 위한 수단으로서 지나치게 팽창한 화폐량을 수축시키는 방법[현상], 경제활동의 침체 또는 저하

경제사를 보면 변하지 않는 것은 하나도 없다. 1945년에서 1973년 사이에는 원유가격이 대체로 배럴당 10달러 선을 유지했었다. 그러나 이젠 지나가 버린 옛날 얘기가 되어버렸다. 내년 세계 유가가 10% 오를지 아니면 10% 떨어질지 아무도 모른다. 그러나 고유가 기조는 계속될 것이다.

한국의 원화, 유럽의 유로화, 일본의 엔화, 중국의 위앤화, 영국의 파운드화의 대(對)달러 강세도 지속될 것이다. 상황을 예의 주시하고 있는 전문가들은 미국 달러화 시세가 앞으로 상당 기간 오르기보다는 내릴 것으로 예상하고 있다.

그 이유는 무엇일까? 미국의 실질생산이 감소한단 말인가? 아니다. 미국의 1인당 실질 국내총생산(GDP)은 여전히 증가하고 있다. 그리고 몇몇 대수롭지 않은 조세피난처(tax haven)를 제외하고는 미국의 1인당 실질소득도 세계의 경쟁상대들을 계속해서 앞지를 것이다.

그러나 미국과 대부분의 부유한 국가들의 총 실질성장률은 연간 3~4% 선 이상을 기대하기 어려울 것이다. 이와는 대조적으로 임금이 낮은 개발도상국가들은 앞으로 상당 기간 연간 7~10%의 성장을 이어갈 것이다.

왜 그런가? 기술과 경영의 노하우는 교육 가능한 인구가 있는 곳이면 어디든지 확산될 수 있기 때문이다. 1950~1970년의 일본을 보라. 그리고 1960~1990년의 한국과 마오쩌둥 이후의 중국을 보라.

이 나라들은 모두 선진 기술을 들여와 모방할 수 있다. 그 결과 실질임금이 빠르게 높아지고 있다. 그러나 북미와 서유럽 수준에 비하면 아직 낮아서 이 나라들의 수출주도에 의한 폭발적인 성장은 계속될 것이다. 가난하지만 발전하는 나라의 국민은 일반적으로 저축률이 높다. 그에 비해 미국 국민과 부유한 유럽 국민은 저축률이 낮기로 유명하다. 심지어 저축을 전혀 안 하는 사람들도 있다.

따라서 달러의 환율안정은 수출국들이 무역흑자를 통해 벌어들인 돈을 수익률이 낮은 달러화 표시 자산에 재투자할 마음이 있느냐에 크게 좌우될 것이다.

그런데도 달러화 시세는 만성적인 하락 추세를 보이고 있다. 이 추세가 앞으로도 이어질 것인가? 필자의 견해로는 그렇다. 수십 억 명이 넘는 중국과 인도의 노동자들은 여전히 서방 기술을 재빨리 모방할 태세를 취하고 있다.

한국이 현실적으로 가장 두려워해야 할 것은 중국, 일본 그리고 인도의 경쟁자들이다. 한국의 달러화 보유고가 계속 축적돼 간다 해도 어느 정도 원화 시세의 상승은 불가피할 것이다.

한국 정부 관리와 금융인들은 필자에게 이런 질문을 한다. "일본 엔화는 달러화에 대한 가치 상승의 균형이 잘 맞았는데 원화는 왜 그렇게 되지 않는가? 우리가 일본의 수출 기업들과 경쟁력을 유지하지 못하는 이유는 무엇인가?" 필자의 대답은 분명하다. 일본의 디플레이션보다 한국의 디플레이션이 훨씬 더 심각하기 때문이다. 그래서 일본의 금리는 아직도 제로에 가깝다. 한국보다 훨씬 낮은 수준이다. 한국은행이 만약 달러화 시세를 올리기 위해 무모하게 원화를 찍어낸다면 한국은 인플레이션과 그에 이은 금융공황을 각오해야 할 것이다.

원화에 대한 불가피한 환율 상승 압력을 최대한 활용할 수 있는 효과적인 방법을 한 가지 제안한다. 한국의 기업들과 정부기관은 달러 자원을 수익률이 낮은 미국 국채에 계속 투자하지 말고 균형된 포트폴리오로 전 세계 증권에 좀 더 비중을 두고 투자해야 한다. 그렇게 하면 2007~2010년 사이 한국에 큰 수익을 가져다 줄 것이다.

한 가지 더 있다. 세계 증권 포트폴리오는 되도록 거의 전부 달러 표시 증권이어야 한다. 새로 발행되는 원화를 여기에 투자하면 원화 시세의 상승을 다소 누그러뜨릴 수 있을 것이다. 한국과 같은 경제에 가장 좋은 것은 수출주도 성장에 대한 의존을 점진적으로 줄여가는 것이다.

급변하는 한국 주변 경제 조류(潮流)
New Global Economic Winds

공산주의체제에서 시장경제체제로의 전향을 선택한 중국, 엄청난 인력 자원을 바탕으로 빠르게 성장하고 있는 인도 등 이른바 '브릭스'를 비롯한 제3세계 신흥국들의 성장이 이어지면서 앞으로 세계경제는 지금까지의 모습과는 사뭇 다른 형국을 띠게 될 것으로 예상하는 목소리가 높았다. 세계경제 견인차로서의 미국의 역할이 줄어들고 있는 가운데 세계경제 전망에 있어 또 하나의 변수가 될 이들 신흥경제 대국들에 대한 견해를 들어본다.

_ybm english 2008년 2월호 게재

경·제·상·식

1 〈로마제국 쇠망사〉_ The Decline and Fall of the Roman Empire
영국의 역사가 에드워드 기번이 쓴 역사책으로, 로마제국의 융성기부터 제국의 멸망까지를 담고 있다.

2 브릭스_BRICs
2003년 미국의 증권회사인 골드먼삭스그룹 보고서에서 처음 등장한 용어로, 브라질(Brazil)·러시아(Russia)·인도(India)·중국(China)의 영문 머리 글자를 딴 것이다. 국가에 따라 차이가 있기는 하지만, 이들 4개국은 1990년대 말부터 빠른 성장을 거듭하면서 새로운 신흥경제국으로 주목받기 시작했다. 브릭스는 현재 경제성장 속도와 앞으로의 발전 가능성을 미루어 볼 때 이 4개국의 성장 가능성이 가장 크다는 뜻에서 하나의 경제권으로 묶은 개념이다.

서방의 교양 있는 독자들에게 〈로마제국 쇠망사〉라는 책이 매우 낯익던 때가 있었다. 앞으로 저명한 학자들은 '세계 1위 미국 경제의 쇠퇴'를 예측하게 될지도 모르겠다.

1980년 이후 로널드 레이건과 조지 부시 같은 공화당 출신 대통령들로 인해 국제사회에서 미국의 인기가 추락했다. 하지만 세계 곳곳에서 신흥경제강국들이 급속히 부상하면서 세계 실질총생산 중 미국이 차지했던 몫이 줄어들리라는 것은 예견된 사실이었다. 1945년 독일과 일본이 패전으로 폐허가 되었을 때 세계 인구의 6%에 불과하던 미국은 세계 실질총생산의 40% 정도를 생산해 냈다.

그것은 오래 지속될 수 없었다. 선진국의 노하우는 교육 가능한 저임금 노동력을 지닌 가난한 지역들로 빠져나가고 있다. 일본, 한국, 대만, 홍콩이 수십 년 동안 계속해서 서유럽과 미국의 경제성장률보다 두 배나 빠른 속도로 성장할 수 있었던 것은 이 때문이다.

이러한 점진적인 변화가 끝나려면 아직도 멀었다. 요즘 중국, 인도, 러시아는 비효율적인 사회주의를 포기했다. 그 때문에 놀라운 결과가 나타나고 있다. 일본은 이 사실을 아직 깨닫지 못하고 있지만, 구매력 비율을 정확히 측정했을 때 중국은 일본의 세계 2위 자리를 이미 앞질렀다.

중국의 총 실질 국내총생산(GDP)는 아직 미국 가까이 미치지 못하고 있다. 또 미래에 미국과 중국의 GDP가 같아지는 때가 온다고 해도 중국은 여전히 빈곤에서 벗어나지 못할 것이다. 인구가 미국의 5배인 만큼 국민 1인당 실질소득은 미국의 5분의 1에 불과할 것이기 때문이다. 이는 미국이 2008년 경기침체에 직면하거나 GDP 성장률이 1~2%에 머물더라도 전 세계적인(환태평양 신흥경제국을 포함해) GDP 균형에는 큰 이상이 없음을 설명하는 것이다.

브라질, 러시아, 인도, 중국의 새로운 4대 경제강국 브릭스(BRICs)는 속도가 느려진 미국의 경제 견인차 역할을 대신해 세계경제를 이끌어 갈 수 있을 것이다.

경제이론과 경제사는 절대 정밀과학이 될 수 없다. 따라서 중국과 인도의 힘이 미래 유럽과 북미의 허약함을 보완할 것이라는 보장은 없다.

또 하나 기억해 두어야 할 엄연한 사실이 있다. 미국이 강력한 세계경제의 견인차 역할을 했을 때는 한국이 상당한 수출을 보장받을 수 있었다. 그러나 중국이 그러한 역할을 하게 됐을 때 한국이 순수한 혜택을 누릴 수 있으리라는 것은 그야말로 하나의 가능성에 불과하다.

한국에게는 중국이 과거의 미국보다 더 큰 라이벌이라는 사실을 잊어서는 안 된다. 미국은 한국의 수출 상품을 구매해 주는 친절한 고객이었다. 그러나 만약 중국의 자동차 산업이 세계시장에서 현대자동차의 매출을 빼앗게 된다면 중국의 이러한 위치가 한국에는 전혀 도움이 되지 않을 것이다.

부동산 투기로 부동산 가격이 지나치게 치솟자 세계 곳곳에서 허술한 대출과 과도한 차입투자가 발생했다. 부동산 거품이 꺼지자 당연히 불황이 나타났다.

2006~2007년의 특이한 현상은 미국의 금융기술자들이 투명성이 결여된 새로운 대출상품들을 만들어 낸 것이다. 이 상품들은 투명성이 결여된 데다가 위험하게 과도한 차입투자를 강요했다. 이 때문에 어이없게도 미국과 유럽연합(EU) 은행들의 안전이 위험에 처하게 되었다.

이 시점에 한국의 은행들과 기업들이 이렇듯 위험한 대출상품을 통해 별로 손실을 입지 않았다면 다행이라고 생각하라. 그리고 앞으로는 이보다 더 신중해야 할 것이다.

중국의 번영과 한국이 가야 할 길

The New Order in the Pacific and Elsewhere

중국과 인도의 등장으로 세계경제 지도가 급변하고 있던 2008년, 미국발 금융위기가 터졌다. 세계경제 질서의 재편은 주춤했고 세계 각국에 많은 고통을 안겨주었다. 이러한 상황에서 한국이 견지해야 할 금융위기 대처방식을 들어본다.

_ybm english 2008년 3월호 게재

경·제·상·식

1 맥아더 장군의 일본 점령_ MacArthur Occupation of Japan
맥아더는 제2차세계대전 후 1945년 8월 일본을 항복시키고 일본 점령군 최고사령관이 되었다.

2 실리콘 밸리_ Silicon Valley
미국 샌프란시스코 근교 산타클라라에 소재한 첨단기술산업단지

3 대차대조표_ balance-sheet
기업의 자산과 부채 및 자본상태를 표시하여 기업의 재정상태를 알 수 있게 한 일람표

1945년 참혹했던 제2차세계대전이 끝났을 때 정치학자들은 환태평양 국가들이 장차 경제적으로 비참한 상황을 맞게 될 것이라고 예측했다. 그러나 그들의 이 같은 비관적인 예측은 빗나갔다.

대신, 유럽 재건을 위한 미국의 마셜플랜이 대성공을 거두었고, 이에 고무된 맥아더 장군의 일본 점령은 이른바 일본의 기적적인 급성장에 불을 붙이고 이를 촉진하게 되었다.

수십 년 동안 견디기 어려운 일본의 식민주의 압제를 겪었던 한국은 2차대전 후 독립을 이루었다. 한국은 독자적으로 나름대로의 전략을 구사했다. 한국은 일본식 방식을 채택하여 열의 있는 국민들을 교육시킴으로써 북미와 서유럽의 고등기술을 습득하게 했다. 그렇게 해서 한국은 일본, 홍콩, 대만, 싱가포르 등 환태평양의 신흥국가들과 비슷한 대열에 합류할 수 있게 되었다.

미국은 여기서 두 가지 역할을 했다. 하나는 미국 소비자들이 저임금의 노동자들이 생산한 싸고 품질 좋은 제품을 간절히 원했던 덕분에 한국이 수출주도형 성장을 이룰 수 있게 되었다는 점이다. 또 하나는 미국의 연구소들, 두뇌집단, 실리콘 밸리의 컴퓨터 첨단기술산업단지에서 급속한 기술 혁신이 쏟아져 나온 것이었다. 비유적으로 말하자면 미국은 새로이 성장한 환태평양 오케스트라의 지휘자가 된 셈이었다. 따라서 미국이 기침을 하면 아시아의 성장률이 둔화되고 (그러나 실제로 큰 타격을 입는 경우는 드물었지만), 미국의 경제 견인차가 속도를 회복하면 아시아는 새로운 자극을 듬뿍 받았다.

그때는 그때고 지금은 지금이다. 중국의 10억 인구와 인도의 또 다른 10억 인구가 오랜 잠에서 깨어나 시장경제체제를 받아들였다. 이들의 성장잠재력은 장기간에 걸쳐 거의 두 자릿수에 가까운 성장을 이끌 것이다. 반면 유럽, 북미 그리고 일본과 한국 정도의 번영을 구가하는 국가들의 성장속도는 기껏해야 새로이 부상한 이 두 국가의 절반 정도밖에 안 될 것이다.

미국은 앞으로도 한동안 세계경제를 이끄는 지도적 위치를 점할 것이다. 그러나 언젠가는 미국의 독주도 끝날 것이다. 중국은 이미 일본을 앞질러 세계 2위의 경제대국이 되었다. 중국의 공산당 일당 체제가 혼란스러운 자국 시장경제를 잘 조절해 나가기만 한다면, 다음번 세계 지도국은 중국이 될 것이다.

지금의 국제적인 금융공황은 미국에 그 직접적인 원인이 있다. 부시 대통령의 공화당 정부가 규제를 완화하면서 현대의 '금융공학'이 만들어 낸 악성 금융상품들이 쏟아져 나오도록 허용하고 조장했기 때문이다. 이 때문에 대차대조표에도 나타나지 않는 기업 손실이 발생하고, 주택담보대출채권을 묶어 증권화시킨 불투명한 금융상품의 형태로 무책임하고 경솔한 대출이 이루어졌다.

필자는 지금까지 거듭 경고해 왔다. 2005~2008년에 발생한 작금의 금융파산이 옛날 대공황이 시작되었던 1929년에 발생했다면 길고도 깊은 불황이 뒤따랐을 것이라고. 그러나 미국의 실질성장이 앞으로 2년 동안 제로의 침체상태에 빠진다 해도 그것이 세계적인 재난을 초래하지는 않을 것이다.

한국은 이 시점에서 과거 일본이나 스위스처럼 보다 열심히 일하고 국내소비도 더욱 촉진해야 할 것이다. 필자는 한국의 그러한 노력이 성공할 것이라 확신한다. 미국 연방준비제도이사회와 다른 나라 중앙은행들이 금리 인하를 되풀이 할 때 한국은행도 이러한 집단적인 경기자극 노력에 동참해야 할 것이다. 또 여러 나라에서 적자 예산지출을 확대할 때 한국도 지체 없이 뒤따라야 할 것이다.

물론 이러한 지출확대 노력이 어느 정도 과도한 인플레이션을 조장할 수 있다. 그런 희생은 감수할 수밖에 없다. 인플레이션 억제 목표는 일시적으로 접어두어야 한다.

한국 불황 최소화할 수 있다
High Prices and Current Hard Times

2008년 전후로 유가 폭등 및 주식시장의 불안과 더불어 식료품, 원자재 가격마저 폭발적으로 상승하면서 관련 기업 및 개인들 모두가 어려움을 호소하고 있었다. 대체 에너지 생산에 많은 양의 곡물이 사용되면서 세계 곳곳에서 식량난 또한 가중되고 있었다. 이런 전 세계적 불황 속에 한국과 같은 소규모 국가는 미국과 같은 강대국에 비해 더 큰 피해를 입게 될 것인지 전망해 보았다.

_ybm english 2008년 8월호 게재

경·제·상·식

하이브리드카_ hybrid car
기존의 일반 차량에 비해 유해가스 배출량을 획기적으로 줄인 차세대 환경 자동차

예전에 한동안 유행하던 말이 요즘 경제학자들과 심리학자들 사이에 다시 유행하고 있다. 과학발전과 산업혁명 덕분에 우리의 실질소득이 우리 부모들 세대보다 더 늘어났지만 우리가 부모 세대보다 행복하지 못한 건 왜일까? 아마도 월급이 20% 인상돼 느끼는 기쁨도 6개월이 지나면 대부분 사라지기 때문일 것이다.

그러나 사람들이 주기적으로 찾아오는 불황과 불경기를 싫어한다는 것은 너무도 분명하다. 사람들이 지금 여러 가지로 걱정스러워하는 것도 이 때문이다.

치솟는 유가로 가계소득이 바닥나고 있다. 설상가상으로, 홍수와 가뭄에다 최근 생활수준이 높아진 수십 억 중국인들과 인도인들의 경쟁적 수요 증가까지 더해져 식료품 가격이 폭발적으로 상승하고 있다.

에너지를 보존하고 녹색세상을 만들겠다는 목표는 뜻밖의 결과를 낳아서 사람들의 걱정만 더 늘어났다. 옥수수로 만든 에탄올이 자동차 연료탱크로 들어가면서 아이들의 배를 채워줄 옥수수가 부족하게 되었다. 더 안 좋은 것은 휘발유를 대체할 에탄올을 만드는 데 들어가는 에너지 비용이 너무 많아서 결국 석유수출국기구(OPEC) 부자들의 배만 더 불려 주게 되는 것은 아닐까 하는 점이다.

과학계가 옥수수가 아닌 사방에 널린 잡초들로 에탄올을 만들 수 있는 방법을 개발한다면 도움이 될 것이다. 그러나 과학의 비약적 발전도 2008년의 식량부족을 해결해 주지는 못할 것이다.

한국의 경우 중간 정도 크기의 나라다. 나라가 크지 않다고 해서 지금과 같은 세계적인 불황에 특히 더 큰 타격을 받게 될까?

필자의 추측으로는 아니라고 생각한다. 스위스, 덴마크, 핀란드 및 한국과 같은 작은 나라들이 독일, 이탈리아, 프랑스 같은 좀 더 큰 나라들보다 더 잘해내고 있다.

침체기가 되면 호황 때 슬그머니 스며들었던 부패가 일소되어 오히려 사회에는 득이 될 수 있다는 진부한 관점이 있는데 필자는 믿지 않았다. 훌륭한 경제학자들인 하이에크와 슘페터가 1930년대의 불황이 큰 나라든 작은 나라든 모두에게 이익이 되었다고 본 것은 아주 잘못된 생각이었다.

1930년대에 기술혁신과 과학발전이 침체된 것은 큰 나라 미국이나 작은 나라 덴마크나 마찬가지였다. 그러나 역설적으로 벨기에 같은 작은 나라가 훨씬 큰 나라인 프랑스보다 빠른 속도로 회복되었다. 왜일까?

벨기에는 1914년에 채택했던 금본위제를 포기하고 변동환율제를 채택한 반면 프랑스는 금본위제를 고집했기 때문이다.

중앙은행, 의회, 재무부 관료와 같은 국가의 정책 수립자들이 앞장 서서 새로운 중도 정책을 세우면, 한국인들과 같이 강인하고 진취적인 노동자들은 일시적인 주기적 불황의 깊이와 기간을 최소화할 수 있을 것이다.

미국에서는 한국산 자동차가 경쟁 상대인 일본산 자동차보다 저렴하다. 또한, 한국산 자동차는 미국의 포드, 제너럴 모터스나 유럽의 폭스바겐 자동차들보다 작고 에너지 효율도 높다. 한국산 자동차의 품질이 높아지면 더 잘 팔릴 것이다. 한국은 현장근로자들의 일시적

임금억제를 통해 이런 특가의 자동차들을 만들어 낼 수 있을 것이다. 하지만 그것은 노동자들의 패배가 아니다. 오히려 한국의 중기(中期)적 성장을 높은 수준으로 올려 자동차 산업 지도국들을 따라잡는 동력이 될 것이다.

  얼마 전 나는 한국에 희망이 될 수 있는 꿈에 대해 생각해 보았다. 그것은 한국 자동차 업계가 피나는 노력을 통해 효율성과 가격 면에서 도요타의 프리우스를 50% 앞지르는 하이브리드카(hybrid car)를 개발하는 것이었다. 대부분 전기에 의존하고 휘발유는 보조연료로만 사용하는 멋진 하이브리드카를 개발한다면 미국과 서유럽의 자동차 시장을 휩쓸 수 있을 것이다.

정부가 환경개혁을 주도해야 하는 이유
Why Government Must Regulate Environmental Reforms

전 세계적으로 환경 문제가 심화되고 있다. 따라서 각국 정부들이 환경 문제 해결에 적극 나설 수밖에 없게 되었다. 환경 문제 해결 방안으로는 탄소 배출량에 따라 정부가 기업에 세금을 부과하고, 친환경적인 풍력·수력 에너지원을 개발하며, 하이브리드카의 개발에 박차를 가하는 것 등이 있다.

ybm english 2009년 8월호 게재

경·제·상·식

탄소배출권거래제_ Cap-and-Trade system
탄소 배출 허용량을 국가별로 할당하고, 이를 초과하거나 이에 모자라는 '탄소배출권'을 시장에서 구입하거나 판매할 수 있도록 한 제도 한국을 포함한 세계 모든 나라는 자국과 세계의 환경을 보호하기 위한 새로운 노력에 착수해야 한다는 것을 알고 있다. 그런데 제재 없이 이익 추구에만 몰두하는 기업들이 이를 해낼 수 있을까? 절대 아니다. 민간기업에게 맡겨 두었다간 지구온난화는 가속화될 것이다.

따라서 환경오염과 지구온난화 같은 문제들에 영향을 미칠 수 있는 모든 행위를 규제하는 데 반드시 정부가 주도적인 역할을 해야 한다. 전 세계적인 환경보존 노력의 일부 기능을 민간기업에 맡긴다 해도 범위는 제한적이어야 한다.

작고한 자유주의 경제학자 밀턴 프리드먼은 정부가 이러한 새로운 역할을 맡는 데 반대할 것이다. 그 점에선 작고한 영국의 경제학자 프리드리히 하이에크 또한 마찬가지일 것이다. 그러나 이들의 보수주의 세력은 오늘날 선거에서 더 이상 힘을 쓰지 못하고 있다.

세계의 석유, 가스, 수력, 열 에너지원은 장기적으로 볼 때 그 양이 제한되어 있다. 따라서 한국의 연구원들을 포함한 과학자들과 엔지니어들이 우선적으로 해야 할 일은 화석연료를 대체할 수 있는 에너지원을 개발하는 것이다. 여기에는 물론 풍력과 수력 에너지가 우선순위에 들어간다.

이러한 새로운 규제들이 한국의 소비생산을 둔화시킬 것인가? 물론 그럴 것이다. 미국이나 중국의 민간소비 역시 마찬가지일 것이다.

한국의 과학은 생태연구에 앞장서야 하고, 이를 장차 한국에서 노벨상 수상자를 배출할 수 있는 기회로 생각해야 한다.

잘못된 수고를 하는 경우도 많을 것이다. 석유의 대체원을 개발한다면서 미국산 옥수수를 이용해 에탄올을 만드는 것은 크게 잘못된 것 같다. 캔자스나 한국의 농장에서 옥수수를 생산하자면 에탄올로 대체하고자 하는 만큼의 중동산 원유를 소모하게 ─ 예를 들어, 트랙터를 이용하면서 ─ 될 것이다. 일조량이 많은 브라질에서 사탕수수 줄기로 에탄올을 만드는 것은 다른 얘기다. 열대지방 이외 지역에 있는 과학자들은 잡초에서 에탄올을 만드는 방법을 찾아야 한다.

풍력은 원유를 아끼는 데 도움이 된다. 하지만 바람은 시시각각 풍력이 다르다. 어느 발명가가 바람이 불지 않는 때에 사용할 수 있도록 풍력 에너지를 적은 비용으로 저장하는 방법을 찾아내길 바란다.

탄소를 배출하는 기업에 세금을 부과하는 것도 에너지를 절약하는 실질적인 방법 중 하나가 될 수 있다. 탄소 배출을 크게 줄인 기업은 더 많은 수익을 올릴 수 있을 것이다.

민간기업들에게 환경을 오염시키는 유연탄을 사용해 수익을 올리지 못하도록 설득하거나 강요하는 또 하나의 방법이 있다. 이 방법을 '탄소배출권거래제'라고 부른다.

대대적인 에너지 절약 프로그램은 우선 전 세계에서 자동차와 트럭의 소형화를 엄격히 시행하는 데에서 시작해야 할 것이다. 전지 에너지와 휘발유의 혼용이 세계적으로 의무화된다면 2012년까지 본격적인 환경개혁을 시작할 수 있는 가장 효율적인 방법이 될 것이다.

한국으로서는 이미 상용화된 하이브리드 기술을 이용해 인기 있는 소형차를 일찌감치 만들어 낸다면 대성공을 거둘 수 있을 것이다. 이 분야에서 일본의 도요타가 선두를 차지하게 놔둘 이유가 있는가?

북한 경제개혁 어떻게 할 것인가?
Blueprint for North Korean Economic Reform

지난 50여 년간 시장경제를 외면한 북한도 경제개혁이 가능하다. 전면적·점진적 시장경제 개혁정책이 채택된다면 경제개발의 기적을 기대할 수 있을 것이다. 관료주의적 경기침체에 갇혀 영원히 낙후될 것인가 아니면 시장메커니즘에 동조하여 성장을 도모할 것인가는 북한의 선택에 달려 있다.

_English Netzine 2002년 11월호 게재

경·제·상·식

1 혼합자본주의_ Mixed Capitalism
개인의 사유재산을 인정하되 전체 경제의 균형을 위해 정부의 계획으로 다소 제약을 받는 자본주의 제도로, 순수한 자본주의가 아닌 사회주의의 토대 위에 자본주의를 접목시킨 형태

2 관료주의적 경기침체_ bureaucratic stagnation
정부의 비효율적인 규제로 경기가 침체된 상황을 가리킴

1990년 이전에 '혼합자본주의(Mixed Capitalism)' 세계의 바다에 둘러싸인 '관료사회주의의 섬' 4개가 있었다. 이 섬들은 경제성장과 주민들의 생활수준에서 보았을 때 성공한 곳이 하나도 없다.

그 섬 중 하나인 스탈린 이후의 소련은 미국과 세계의 시장경제 국가들에게 여전히 막강한 군사적 경쟁자였지만, 경제적 경쟁에서는 패색이 역력했다. 마오쩌둥 치하의 중국에서는 10억 노동자들이 날로 깊어만 가는 가난에 찌들어 있었다. 카스트로의 쿠바는 소련으로부터 냉전 지원금을 받고 있었음에도 국민총생산(GNP)이 1969년 이전 수준을 회복하지 못하고 있었다.

북한은 같은 민족인 남한과는 대조적으로 1950년 이후 개발도상국들이 이룩한 경제 기적의 대열에 끼지 못했다. 그리고 불과 10여 년 사이에 북한에는 기아가 찾아들어 생산활동을 가능케 하는 수준의 영양공급이 불가능해졌다.

50년 동안 혼합자본주의를 외면했던 사회가 새로운 경제개혁을 달성하리라 기대할 수 있을까? 세계 경제사에 대해 좀 아는 경제학자로서 필자는 "그렇다"고 대답하지 않을 수 없다. 마오쩌둥 이후의 중국은 경제적 성공 사례다.

또 하나의 희망적인 연구사례가 동독의 경제적 성공이다. 고르바초프가 동독을 소련 블록에서 풀어주기 전 동독의 공식집계에 따르면 동독의 1인당 실질소득이 서독에 비해 불과 30%밖에 뒤처지지 않았다. 지금도 동독인의 소득은 엄청난 내부적 지원에도 어쩔 수 없이 서독에 미치지 못하고 있지만, 2000년에 들어서면서 상당히 따라잡았다.

그러나 현실론자들은 2010년 아니 2020년이 되어도 한반도에서 독일과 같은 통일은 이루어지기 어려울 것이라고 생각한다. 따라서 필자가 여기서 다루게 될 문제는 이것이다. 즉 북한 당국이 부분적인 시장개혁으로 얻고자 하는 것이 무엇이냐는 것이다. 그리고 전술·전략적으로 가능한 개혁 중 어떤 것이 가장 효과적일 것이냐이다. 중국은 러시아와는 대조적으로 일찌감치 소기업들, 특히 농민들의 자영업을 허용하는 조치를 도입했다. 의도와는 달리 성과가 미미했던 국영농장의 인센티브 제도 대신 스스로의 의욕과 노력, 창의력에 맞추어 농민들에게 보상이 주어지자 당장 생산성 호전 효과가 나타났다.

어떻게 해서든 식량 공급을 자극하면 북한의 수백만 도시민들에게는 즉각적으로 좋은 결과가 나타날 것이다. 그 다음으로 크고 작은 도시의 소기업들이 직접 만든 제품을 시장에 내다 팔아 수익을 낼 수 있도록 규제를 푼다면 시골의 '기적'이 다른 곳에서도 나타날 것이다. 소비자들이 정해진 시장가격만큼의 물건만 배급받는 일은 없어질 것이고 발이 작은 사람이 자기 치수보다 너무 큰 신발을 신어야 하는 일도 사라질 것이다.

이 모든 변화가 쉽게 일어날까? 아니다. 남부 이탈리아에서는 수세기 동안 마피아가 주민들이 애써 번 소득의 일부를 착취했다. 고르바초프 이후의 러시아에서는 하루아침에 마피아와 유사한 조직(대부분 전직 관료들과 정치인들)이 비슷한 수법으로 엄청난 원유와 채광 수입, 국내 신생기업들의 주식 지분을 과도하게 착복했다. 북한도 소위 '서양식 정실주의'라고 할 수 있는 이와 비슷한 경우에 직면해 고통을 당해야 하는 것은 아닌가?

북한의 부분적인 개혁은 역사적으로 자본주의가 보여준 어떤 형태의 세계적인 경기순환의 영향을 받게 될 것을 각오해야 한다. 이것은 선택의 문제다. 관료주의적 경기침체(bureaucratic stagnation)에 빠져 영원히 꼼짝하지 않을 것인가, 아니면 시장메커니즘을 따를 때 으레 겪게 마련인 경기의 변동을 감수하면서 성장을 도모할 것인가? 또, 새로 시작한 시장경제에서는 실질임금 소득이 색다른 패턴으로 증가하는 것도 피할 수 없을 것이다.

정치란 감상적인 소설도 아니고 착취의 역사적 영웅담도 아니다. 슬픈 이야기지만 정치생활은 하루하루가 타협의 연속이다. 두 걸음 전진하고 한 걸음 후퇴하고 한 걸음 옆으로 가는……. 장기적인 경향이 마침내 상향 추세로 돌아설 때 성공이 오는 것이다.

엄밀하게 말해서 북한은 아주 낮은 수준에서 출발하기 때문에 근면하고 교육 가능한 국민들이 지닌 역사적인 힘으로 과거 다른 태평양연안 국가들이 이룩한 것과 맞먹는 경제개발의 기적을 기대할 수 있다.

'인적자본'이 제일 중요하다
Paramount Importance of "Human Capital"

아프리카와 남미에 비해 동아시아 지역이 크게 발전할 수 있었던 것은 인적자본 덕분이다. 이런 인적자본은 한국을 비롯한 동아시아 국가들의 높은 교육열에서 생긴 것이었고 결국은 경제발전의 큰 추진력이 되었다.

_English Netzine 2002년 7월호 게재

경·제·상·식

1 아리아인_ Aryan
선사시대에 이란과 인도 북부지역에 살던 민족. 히틀러가 게르만족의 우월성을 알리는 데 '아리안'이라는 말을 사용했으며, 자신들을 아리안족의 후예라고 주장했다.

2 대학 3학년 우등생 클럽_ Junior Phi Beta Kappa
그리스어로 Philosophia Bious Kubernates(지혜의 사랑은 인생의 길잡이)의 첫 글자 발음(그리스 알파벳으로 P는 파이, B는 베타, K는 카파)를 딴 것이다.

3 제로섬 게임_ zero-sum game
참여자의 득과 실의 합계가 제로가 되는 게임

제 2 장_ 한국경제 진단

한국과 일본에는 존재하고 그 많은 아프리카와 중동의 나라들에는 결여되어 있는 것으로써, 새 천년의 향후 20년 동안 경제발전에 중요한 것은 무엇일까?

태평양 동북부 해안이라는 순전히 지리적인 특성이 결정적 요소는 되지 못한다. 온대 기후 지역이라는 지리적인 조건이 나름대로 중요하기는 하지만 말이다. 열대 아프리카, 남미, 그리고 적도 아시아 지역은 풍요롭지도 못하고 생산성이 최고 수준에 이르지도 못했다. 하지만 우리는 6천여 년 전 최초로 기록된 위대한 문명들이 기온이 꽤 높은 편인 소아시아와 북아프리카에서 기원했다는 사실을 기억해야 한다.

히틀러처럼 아리안족은 특별한 DNA를 가진 유전적 우성(優性) 종족이라는 환상을 가졌던 단순한 광신자들은 가장 중요한 것은 피부색이라고 믿기도 했다. 백인종의 하얀 피부는 아프리카 밀림 종족들과 호주 원주민의 검은 피부와 대조되었다. 19세기의 구식 인류학 교과서를 보면 갈색 인종이나 황인종이 흑인종보다는 우수하지만 같은 척도에 의하면 백인종보다는 우수하지 못한 것으로 간주되었다. 이 근거 없는 기준에 의해 세계 인구의 반 이상이 유럽인들에 비해 열성(劣性) 인종으로 낙인찍혔던 것이다. 유럽인 역시 초기 아프리카 원인의 후손인데도 말이다.

이 백인종 우성론이 사실이 아님을 입증하려면 미국의 한 명문대학에 다녀보는 것으로 충분하다. MIT(매사추세츠 공과대학), 하버드 대학 또는 UC버클리 등 명문대학 학부생들 중 성적에 관한 한 최고 중의 최고인 3학년 우등생(JPBK) 명단을 보면 이제는 앵글로색슨계

79

학생 못지않게 아시아계 학생들이 많이 올라 있다. (얼마 전 필자는 84세로 타계한 금세기 최고의 거시경제학자 제임스 토빈의 예일대학 추도식에 참석했다. 추도식에서 눈길을 끈 것은 매우 훌륭한 슈베르트 현악 5중주단 연주였는데, 연주자 중 '백인'은 단 한 명이고 세 명은 한국인, 한 명은 중국인이었다. 하버드대학 교향악단을 가 봐도 예일대학의 경우와 다를 게 없을 것이다. 앞으로 100년 후에는 오스트리아의 작곡가 프란츠 슈베르트의 자리를 아시아 혈통의 작곡가가 차지하게 될지도 모를 일이다!)

나는 이런 예를 얼마든지 들 수 있다. 일본, 한국, 대만, 싱가포르는 모두 석유, 구리, 철광 또는 다른 소모성 국가 자원의 국내 매장량이 얼마 되지 않는다. 이들이 1950년에서 2000년까지 거둔 기적 같은 발전의 비결은 다른 데서 찾아보아야 한다.

경제사를 통해 이 미스터리를 빨리 풀 수 있는 배움을 얻을 수 있다. 바로 실질 경제성장에 있어 가장 중요한 것은 훌륭한 교육에서 연유한다는 사실이다. 필자가 경제학자로 활동하고 있을 때 우리는 이를 '인적자본(human capital)'이라고 부르게 되었다. 어떤 내구재를 생산하기 위해 자원을 이용할 때 우리는 이를 '설비자본(machine capital)'이라고 부른다. 젊은이들이 저임금 노동을 하는 대신 학교에 다니고 사회가 이들에게 학교와 대학, 전문교사를 공급하는 데 자원을 전용(轉用)한다면 경제학자들은 이를 가리켜 우리가 '인적자본에 투자한다'고 말한다.

인적자본에 대한 교육투자가 수익성이 상당히 높다는 사실은 경험을 통해 알 수 있다. 임금과 급여로 따졌을 때 아이들이 학교를 1년 더 다닐 때마다 이후 그들이 근로가 가능한 40여 년 동안 연평균 10% 이상의 추가 수익을 올릴 수 있게 된다.

올바른 개인 재정의 원리는 또한 올바른 사회 경제의 원리이기도 하다. 경제학자가 아닌 사람은 이를 항상 이해하지는 못한다. 저명한 화학자이자 20세기의 가장 뛰어난 하버드대학 총장이었던 제임스 브라이언트 코넌트 박사가 1940년경 연설과 기고를 통해 장차 대학졸업장을 받은 사람이 너무 많을 것이라고 경고했던 기억이 난다. 공급 과잉으로 대학졸업자들의 임금이 떨어지고 일자리 찾기가 쉽지 않을 것이라고 그는 예언했다. 글쎄, 그는 위대한 화학자였지만 경제학자로서는 신통치 않았다는 사실을 역사는 증명했다. 교육에 대한 투자 수익이 떨어지기는커녕 1940년 이후 미국과 유럽에서 고등교육을 받은 사람들의 평생 소득과 교육을 덜 받은 가난한 가계의 소득 간 격차가 더욱 벌어짐을 목격했다.

미래의 생산성 성장과 생활수준의 향상을 가져다주는 자원인 교육에 관한 이와 같은 역사적·이론적 설명에서 교훈을 하나 얻을 수 있다. 특히 한국 사람들은 일찌감치 그 교훈을 깨우쳤다. 국내에 있거나 미국으로 이민을 갔거나 한국인들은 열정과 포부로 유명하다. 제1세대 이민자는 작은 가게 주인이나 리무진 운전기사로 출발한다. 그는 학군이 좋은 지역에 더 좋은 집을 사기 위해 저축한다. 그의 자녀들은 엔지니어, 의사, 변호사, 기업의 중역이 되었다. 더욱이 전문직에서는 아들딸 모두에게 보다 평등한 기회가 주어지고 있다. 특히 대조적인 것은 일본 여성의 경우 미국에서는 역할이 확대되고 있는 데 비해 일본 본토에서는 전문직 여성들이 차별을 받고 있다는 것이다.

교육에 비용이 많이 드는가? 그렇다. 세율이 높아진다. 돈이 더 많이 들어가는 학교 건물이 필요하고 학급마다 컴퓨터가 필요하다. 모든 좋은 일에는 비용이 들기 마련이다. 하지만 이러한 비용은 성취된 이익에 비할 바가 못 된다.

필자는 지금 한국 사람들에게 하고 있는 말을 장차 북한 사람들에게도 할 수 있다. 북한의 일당 전체주의 국가체제가 마침내 시장경제의 민주 국가로 바뀌는 날이 오면 1960~2000년 시기의 한국을 방불케 하는 대약진을 목격할 수 있을 것이다.

인도가 문맹률을 줄이면 인도에 혜택이 돌아갈 것이다. 그러면 파키스탄은 형편이 더 어려워지는 것인가? 아니다. 전쟁과 권력정치는 소위 '제로섬(zero-sum) 게임' 이라고 할 수 있는데, A가 올라가면 그로 인해 B가 내려가게 된다.

경제학적 이론으로는, 아직 덜 발전한 지역들은 만약 현재의 세계 전체가 그들만큼 가난하다면 상대적으로 그들의 형편은 더욱 나빠지게 된다. 그들이 후진성을 탈피하기 위한 가장 중요한 첫 번째 요건은 국민 전체가 남녀 구분 없이 글을 깨치는 것이다. 그렇게 해야만 그들의 지나친 출산율이 떨어지고 동시에 사망률은 감소해 양질의 삶을 향한 기대감이 타국에서 향유되고 있는 최고 수준까지 높아진다.

한국, 최선의 독자적 경제 모델 모색 중
Korea Finds Its Own Best Economic Model

전후 일본의 발전 모델을 답습했던 한국경제는 외환위기 이후 새 경제 모델을 모색해야 할 시점에 놓여 있었다. 새뮤얼슨 교수는 이런 한국에 대해 제한적 혼합경제체제를 권고했다. 그리하여 변화무쌍한 국제적인 비교우위의 흐름에 유연히 대처할 것을 주문했다.

_**English Netzine** 2003년 1월호 게재

경·제·상·식

1 게이레쓰(系列社)_ keiretsu
일본어로 '계열사'를 뜻함

2 유로통화권_ euroland
유럽연합(EU)의 단일통화인 유로화(貨)가 통용되는 지역. 현재는 27개 EU회원국 중 16개국이 유로화를 사용하고 있다.

3 비교우위(比較優位)_ comparative advantage
생산원가를 비교했을 때 유리한 것

4 창조적 파괴_ creative destruction
미국 경제학자 슘페터가 기술의 변화에 대한 경제의 적응력을 설명하기 위해 제시한 이론으로, 자유시장에서 살아남으려면 낡은 사고방식과 경영방식을 과감히 파괴하고 진보적인 아이디어를 개발해야 한다는 것

19년 일본의 패전으로 오랜 식민지의 굴레에서 벗어난 한국은 1960년대의 경제발전 모델을 결국 일본의 새 모델에서 빌려왔다.

일본에서는 게이레쓰(계열사), 한국에서는 재벌이라 불리는 대형 독과점 기업들이 주거래 은행, 정부 관료조직의 정책수립자들 및 의회의 정치인들과 야합했다. 서로 연관성이 없는 제품들이 같은 가족이 지배하는 법인으로 통합되었다. 이들 기업은 은행으로부터 돈을 빌리고 그 차입금을 담보 삼아 더 많은 자금을 차입했다. 같은 주거래 은행을 둔 각 계열사는 호혜적인 우호관계를 맺기 일쑤였다. 보다 값싼 다른 기업 제품을 구입할 수 있는데도 자기들끼리만 사고 팔았다. 또 A사에 B사의 주식지분을 사서 보유하도록 조장하는 한편 이와 동시에 B사는 A사의 주식지분을 보유하곤 했다.

이 모든 것이 다양하게 분산된 주주의 이익을 도외시한 계열사들이 암암리에 행한 협약 사항이었다. 이들은 가급적 마찰과 대립을 피하려 했다. 매년 일류대학 졸업생들 가운데서 충원되는 기업 관리팀에 들어가면 사실상 평생고용을 기대할 수 있었다. 도쿄(東京)대학 법대생 한 명이 재무성에 들어갈 때 그의 동창생은 소니나 도요타에 입사해 서로 돕는다. 또한, 최고위 정부 관리가 정년이 되었을 때 과거 자신들의 규제 대상이었던 기업의 새로운 최고경영자로 영입되는 경우도 드물지 않다.

교육 받은 국내 노동자들에게 미국과 유럽 등 선진 경제강국들이 이미 개발해 놓은 첨단기술을 익히도록 하는 한 나름대로 진화된 이런 체제에서 나타나는 이해관계의 대립, 부패, 비능률성의 위험을 피하거나 무시할 수 있었다. 일본과 한국의 고급 노동력은 여전히 북미와 서유럽의 고급 노동력에 비해 상당히 낮은 실질임금으로 쓸 수 있기 때문에, 일본과 한국은 장기적으로 세계 수출시장의 점유율을 점점 늘려 나갈 수 있었다.

1990년대에 들어서면서 일본의 이중 투기 거품이 터졌다. 태국, 인도네시아, 필리핀 같은 나라에까지 자유롭게 흘러 들어가던 투기성 단기 투자자금은 아시아의 기적적 경제발전이 영구히 계속될 것이라는 환상을 만들어 냈다. 그러나 은행의 단기 차입자금이 잘못 계획된 사업에 투입되는 듯하자 투기자금의 열기가 갑자기 식으면서 방향을 바꾸었다. 신뢰를 잃은 일본식 발전 모델에 조종(弔鐘)이 울리기 시작한 것이다.

국제통화기금(IMF)의 내핍 요구를 따를 능력과 용의가 있었던 한국은 다행히 금융자본의 유출 물결을 되돌릴 수 있었다. 하지만 다른 아시아 국가들은 그렇지 못했다. 말레이시아, 인도네시아, 필리핀, 싱가포르, 대만은 얼마간 IMF의 압력에 저항했다. 이들 국가는 또 낮은 임금과 적응력이 높은 노동력 덕택에 원가효율이 높은 중국 수출품의 폭발적 유입으로 점점 타격을 받기 시작했다.

한국의 차기 대통령은 이러한 최근 경제동향을 알아야 할 필요가 있다. 한국의 유권자들도 마찬가지로 이에 대한 이해가 필요하다. 한국의 정치 동향이 프랑스, 독일, 이탈리아 같이 부진한 패턴으로 기울 것인가? 이들 국가는 한때 유럽연합(EU)의 역동적인 선두국가였지만 최근에는 유럽의 병든 노쇠국가가 되어 버렸다.

아니면 한국 사회가 유로통화권(euroland)에서 최고의 실적을 올리고 있는 핀란드, 아일랜드, 덴마크, 네덜란드, 영국으로부터 교훈을 얻을 수 있을 것인가? 이들 국가는 1970년대 이후의 미국경제처럼 새로운 세계화 경제의 현실을 인식하고 이에 과감히 맞섰다. 그 세계화 경제의 현실이란 어떤 것인가?

우선, 순수한 자유방임적 자본주의도 아니고 계급투쟁과 관료주의에 찌든 대중영합적 민주주의도 아닌 제한된 혼합경제를 택하고 있는 국가들은 변화무쌍한 국제적인 비교우위(comparative advantage)의 흐름에 신축성 있게 적응해야 한다는 것이다. 호전적 철강노조는 단기적으로는 시장이 감당할 수 있는 수준 이상으로 억지로 임금을 올릴 수 있을지 모른다. 그러나 그러한 '승리'는 미국의 고임금 근로자들의 일자리가 영구적으로 해외로 유출되는 현상을 가속화하는 쓰디쓴 승리이다. 따라서 일본이나 독일은 노동력과 생활수준이 정체되는 반면 중국과 인도의 신생기업들은 세계무역 점유율을 점점 높여 가고 있다.

하버드대학의 현인이었던 작고한 조지프 슘페터는 '창조적 자본주의 파괴'에 관한 글을 쓰면서 이러한 사실을 간파했다. 그가 1950년 타계하기 전에 하지 못했던 것은 역동적 시장체제와는 불가분의 관계인 악성적 빈부격차를 줄일 수 있는 합리적·민주주의적 프로그램 개발이었다.

한미 자유무역협정은 윈윈 게임
A U.S.-Korean Free Trade Pact Might Be a Win-win Story

한국은 2002년 칠레와 처음으로 자유무역협정(FTA)을 체결했으며, 2005년 4월에는 싱가포르와 FTA 최종 협정문에 서명했다. 정부는 2007년까지 최대 15개국과 FTA를 타결한다는 목표를 발표했다. FTA가 일부 계층과 업종에 피해를 가져올 것이라는 우려가 있었지만, 세계경제의 흐름을 고려해 이 '의욕적' 목표는 적절하다는 평가를 받고 있었다.

_ybm english 2005년 6월호 게재

경·제·상·식

1 관세동맹_ customs union(CU)
2개국 이상의 국가들이 공동 관세지역을 설정하여 해당 지역 내에서는 관세 이외의 무역제한을 철폐하고, 그 밖의 지역에 대해서는 공통관세나 무역규제를 적용한다. 1952년에 설립된 유럽석탄철강공동체(ECSC)는 세계경제에서 가장 큰 영향권을 가지는 관세동맹 중 하나이며, 이밖에도 베네룩스 관세동맹, 적도 아프리카 관세동맹 등이 있다.

2 자유무역협정_ free trade agreement[pact](FTA)
자유무역협정(FTA)이란 국가간의 상품 및 서비스의 자유로운 교환을 위해 모든 무역 장벽을 제거하는 협정을 말한다. 협정을 맺은 국가들 간에는 대부분의 품목을 관세 없이 수출·수입할 수 있어 시장이 통합되는 기능이 있다.

3 선린정책_ Good Neighbor Policy
루스벨트 대통령 시절에 미국 행정부가 추진했던 대(對) 라틴아메리카 외교정책

4 세계무역기구_ World Trade Organization(WTO)
1974년 이래 국제무역질서를 규율해오던 '관세 및 무역에 관한 일반협정(GATT)' 체제를 대신하여 1995년부터 출범한 국제기구

지역 관세동맹(CU)이나 쌍무 자유무역협정(FTA)으로 자유무역 확대가 촉진되는 경우가 가끔 있다. 캐나다, 미국, 멕시코 3국 간에 체결된 협정이 그 한 예이다. 통계자료에 따르면 이 세 나라는 모두 이 협정으로 이득을 보았다. 처음에는 협정 체결에 반대가 있었지만, 소득이 낮은 멕시코와 부유한 미국에서 모두 좋은 결과가 나왔다.

흥미롭게도 가장 가난한 나라인 멕시코가 가장 큰 득을 봤다. 또한 놀랍게도 최근 캐나다의 국제수지가 호전되면서 캐나다 달러 시세가 미국 달러에 대해 상승세를 보이고 있다.

과거에는 독일 관세동맹이 있었다. 대영제국도 '영연방 내 특혜관세제도'를 시행해 영연방국들 간의 무역을 촉진했다. 미국이 오랫동안 세계 최대 부국의 자리를 지키고 있는 한 가지 이유는 따지고 보면 광대한 대륙에 퍼져 있는 50개 주(州)들이 지역적으로 유리한 투자거래와 교류에 인위적인 장벽을 만들지 않았기 때문이었다.

두 번째로 명백한 본보기는 1950년대 이후 형성된 유럽연합(EU)이다. 1950년대 초 미국 마셜플랜의 성공으로 활력을 얻어 프랑스와 독일, 그리고 몇몇 이웃 나라들 사이에서 시작된 협력 관계는 약 20개 회원국으로 퍼져 나갔다. 과거 서유럽의 생산성이 괄목할 만큼 향상되었다는 사실은, 1945~1990년 스탈린 시대에 소련에 예속되었던 많은 동유럽 국가들의 가입으로 EU가 확대되더라도 이들에게 앞으로 그와 비슷한 성장 가능성이 있음을 보여준다.

이 문제를 너무 부풀려 얘기해서는 안 된다. 컬럼비아대학의 자그디시 바그와티 같은 훌륭한 경제학자들은 캐나다-미국-멕시코 협정을 별로 대단히 여기지 않았다. 필자의 큰 스승인 제이콥 바이너의 관점에서 보면, 특정 지역의 일부만이 역내에서 활발한 무역을 하게 될 때 나타나는 특별한 왜곡 현상을 바그와티가 걱정했음을 알 수 있다.

그러나 모든 것을 감안할 때, 한국이 이미 칠레와 체결한 것과 같은 쌍무 자유무역협정을 미국과 체결하게 된다면 그것은 대성공이라고 필자는 생각한다. 한국이 맨 먼저 미국과 자유무역협정을 체결한다면 대만, 일본, 홍콩은 한국을 부러워할 것이다.

협정을 체결한다고 한국 국민의 생활수준이 단숨에 두 배로 높아질 것으로 생각해서는 안 된다. 미국 50개 주의 자유무역동맹 체제에서 웨스트버지니아 또는 미시시피 같은 가난한 주는 10년이 지나고 20년이 지나도 생활수준이 뉴욕주와 캘리포니아주에 미치지 못하고 있다. 그러나 미국 남부가 역사적으로 부유한 북부와 생활수준의 격차를 꾸준히 좁혀가고 있다는 사실을 부인할 수는 없다.

현실주의자라면 또 하나 잊어서는 안 될 것이 있다. 머지 않은 어느 날 부시 대통령이 한국의 대통령과 자유무역협정을 체결했다고 치자. 물론 그 때부터 당신의 나라는 미국의 동반자가 된다. 그러나 전체적 경제 비중으로 볼 때 결코 동등한 동반자는 아니다.

왜 그런 걱정을 하는 것일까? 만약 미국 대통령이 '선린정책(Good Neighbor Policy)'을 적극 옹호했던 프랭클린 루스벨트와 같은 사람이라면 동반자의 상대적 크기는 문제되지 않을 것이다. 그러나 부시 대통령 진영은 계속 자기중심적이고 고립주의적인 정책을 추구해오고 있다. 부시 행정부는 겉으로는 세계무역기구(WTO)의 협정을 따르고 있지만, 국내 철강산업 로비스트들에게 받는 인기를 유지하기 위해 철강수입을 제한하는 임시보호 조치를 그만두지 못하고 있다. 제반 사항을 고려해보면 한미 자유무역협정은 그만한 가치가 있으므로 가능하다면 추진해야 한다.

저출산의 영향은 늦게 나타난다
Why the Effects of Low Birth Rates Will Be Delayed

한국의 저출산·고령화 현상이 2000년대 들어 급속히 진행되고 있었다. 마찬가지로 미국에서도 저출산으로 인구증가율이 떨어지면서 경제성장 속도가 둔화되고 있었다. 이와 더불어 주택가격이 계속 상승하는 현상이 발생하고 있었다. 주택가격에 대한 전문가들의 향후 전망이 엇갈린 가운데, 인구 문제와 연관시켜 이를 분석해 본 새뮤얼슨 교수의 이야기를 들어본다.

_ybm english 2006년 12월호 게재

경·제·상·식

생애주기이론_ life-cycle theory
이탈리아 태생의 미국 경제학자 프랑코 모딜리아니(1918~2003)가 제시한 이론으로, 사람들은 평생 소득을 고려해 현재의 소비를 결정한다는 이론이다.

한국은 지금 일본, 미국 및 대부분의 유럽 국가들과 마찬가지로 인구 증가율이 둔화되고 있다. 이는 앞으로 총인구수가 실질적으로 감소할 가능성이 있음을 암시한다.

경기가 후퇴 중이거나 성장이 둔화되고 있는 나라는 급성장하는 신흥국가보다 기계와 공장이 덜 필요하게 된다. 바로 먼 미래에 금리와 자본수익률이 낮아진다는 말이다.

하지만 필자가 '먼 미래'라고 강조한 점을 유의해야 한다. 투자 타이밍을 정확히 맞춘다는 것은 투기적 투자자와 신중한 투자자 모두에게 중요하다.

필자의 주장이 타당하다는 것을 확실히 보여주는 실화가 있다. 하버드대학의 어느 유명한 교수는 세상에 널리 알려진 잘못된 예측을 했다. 그는 위대한 경제학자 프랑코 모딜리아니의 생애주기이론(life-cycle theory)을 근거로 잘못된 분석을 내놓았다. 모딜리아니는 애석하게도 얼마 전 작고했다.

모딜리아니는 생애주기 저축이론을 이렇게 이해했다. 인간은 태어나서는 돈을 버는 부모의 보살핌을 받는다. 그러다가 20대 초가 되면서부터 서서히 독립하게 된다. 분별이 있다면 우리는 앞날을 내다보기 시작하고 중년 이후 알지 못하는 어느 시점에 은퇴를 원하게 되리라는 것을 인식하게 된다.

모딜리아니 교수의 설명대로, 분별 있는 근로자라면 40대, 특히 50대와 60대에 인생에서 가장 많은 저축을 해야 한다. 인구와 1인당 생산성 임금이 빠르게 증가하면서 소득 중 평균 저축액도 점점 커지게 된다.

이와는 대조적으로 성장을 통해 형편이 넉넉해진 미국과 서유럽 국가들은 자녀 수가 줄어들면서 연간 두 자릿수의 생산성 증가율을 기대할 수 없게 되었다. 게다가 불행하게도 오늘날의 미국 국민들은 저축은 아주 적게 하면서 소비는 지나치게 하는 유혹에 빠져 있다.

그러나 노동 인구수에 비해 은퇴자 수가 급격히 증가하면 은퇴자는 노년기의 식비와 의료비를 충당하기 위해 주식과 채권은 물론이고 이젠 텅 빈 큰 집을 팔지 않을 수 없을 것이다.

이런 생각에서 이름은 밝히지 않겠지만 그 하버드대학 교수는 '주택가격이 떨어질 것'이라고 예측했다. 그러나 모두가 알다시피 주택가격은 오히려 해를 거듭할수록 점점 올라가 거품만 잔뜩 쌓였다.

필자의 논지는 아주 간단하다. 지금부터 15년 후, 엄청난 수의 소위 '베이비 붐' 세대들이 매년 최대 규모로 은퇴하게 될 때는 "주식과 채권을 멀리하고 대규모 신규 주택건설도 피하라"는 조언이 맞아 떨어질지 모른다. 하지만 지금은 지금이다. 지금부터 15년 후면 아직은 먼 미래일 뿐이다.

1946년에서 가령 1988년 사이에 태어난 사람들은 대부분 훗날 상당한 시간이 지난 후에 처분해서 쓸 수 있도록 향후 15년 동안 늦게나마 자산을 매입하려고 애쓸 것이다. 나중에 현금화시켜 생활비로 쓰려고 할 때 믿을 수 있는 자산은 주식과 채권, 주택이기 때문이다.

이 이야기에서 한국은 무슨 교훈을 얻어야 할까? 그 교훈은 바로 미국처럼 소비에만 빠져 들어 저축을 게을리해서는 안 된다는 것이다. 미국에는 이에 대한 대가를 치러야 할 서글픈 날이 서서히 다가오고 있다. 그 시기는 외국인들이 미국에 더 이상 돈을 맡기고 싶어하지 않을 때이다.

달러화 투매가 일어날 경우 그 혼란과 강도가 심하지 않으리라는 보장은 없다. 이러한 달러 투매 공황이 세계경제에 상당한 불황을 몰고 올 것이라는 위험이 실제로 존재한다. 필자도 이 말이 빗나가기를 바란다.

제3장

환란의 교훈

혹독한 시련을 겪는 한국경제 96
어려운 결정이 필요한 위험한 시기 100
한국이 위기를 벗어나는 길 105
한국 재벌의 개혁 110
건전한 자본주의를 위한 부패 척결 114
한국, 일본의 실수를 되풀이해선 안 된다 118
부패의 정치경제학 122
한국이 미래에 내려야 할 가장 중요하고 어려운 결정 126
자유무역이 한국에 주는 약속과 도전 131

혹독한 시련을 겪는 한국경제
Korea in the Crucible Fire

태국에서 시작된 1997년 외환위기가 드디어 한국에 상륙, 한국경제를 뒤흔들어 놓았다. 새뮤얼슨 교수는 한국의 시련 극복 방안으로 규제 철폐, 독과점의 해체, 기업의 민영화, 개방 등을 촉구했다.

_DATELINE 1997년 12월호 게재

경·제·상·식

1 포퓰리즘_ populism
대중의 인기에 영합하는 정치 행태로 대중영합주의라고도 한다. 대중을 전면에 내세우고 이들을 동원하는 정치체제로 대중적 지지를 권력 유지의 기반으로 삼는다.

2 동남아시아국가연합_ Association of Southeast Asian Nations(ASEAN)
1967년 8월, 태국, 인도네시아, 필리핀, 말레이시아, 싱가포르 5개국이 결성한 지역협력기구. 1984년 브루나이가 가입하고 베트남, 라오스, 미얀마, 캄보디아가 가입해 현재 10개국으로 구성되어 있다.

3 공매(空賣)_ short selling
주식이나 상품의 현물을 가지고 있지 않은 상태에서 증권회사나 중개인에게 일정률의 증거금만 지급하고 팔았다가 일정기간 후에 환매함으로써 그 동안의 가격하락 또는 상승분의 차금을 결제하는 거래방식이다.

제 3 장_ 환란의 교훈

온 세계가 아직도 금융위기를 겪고 있다. 한국도 예외가 아니다. 미국 역시 마찬가지다.

그렇다고 세계경제가 파국에 이르고 있다는 것은 아니다. 올바른 조치만 취해지면 우리의 미래는 번영과 발전으로 회귀할 수 있다. 그러나 올바른 조치는 어김없이 고통을 수반할 것이며 이 고통은 상당 기간 계속될 것이다. 환자를 단기간에 아주 건강한 상태로 회복시킬 수 있는 손쉬운 방법은 없다. 경제를 모르는 관료들이나 포퓰리즘(populism)에 젖은 유권자들이 좋아하는 치유책들은 경제 문제를 더 악화시킬 우려가 있다.

왜 한국이 이런 고통을 겪어야 하는가? 현재의 위기는 지난 여름 한국에서 멀리 떨어진 태국에서 시작되었고, 곧장 이웃 동남아시아국가연합(ASEAN) 회원국인 필리핀, 인도네시아, 심지어는 경제력이 강한 싱가포르에까지 확산되었다. 불안정의 바이러스는 마치 흑사병처럼 더욱 멀리까지 손을 뻗쳐 일본, 대만, 홍콩을 강타했고 중남미의 허약한 표적인 브라질, 페루, 아르헨티나는 말할 것도 없었다. 결국에는 뉴욕, 런던, 프랑크푸르트, 파리까지 들이닥친 이 고통을 한국만이 모면할 수 있다고 생각한다면 그건 제 정신이 아닐 것이다.

한국의 취약성은 그 나름대로의 위험성이 있다. 한국의 오랜 친구이자 찬양자로서 필자는 잘못되어 가고 있는 부분에 대해 거듭해서 잔소리를 해왔다. 한국은 일본이 앞서 걸었던 수출주도, 정부주도의 독과점 자본주의의 길을 따라 수십 년 동안 급속한 발전을 이룰 수 있었는데, 생산적인 근로자들의 피나는 노력과 높은 교육 수준 덕이었다.

그러나 일본이 과거에 저질렀던 과오를 한국도 되풀이했다. 정치인과 기업 간의 부패가 그렇고, 독점의 특혜가 몇몇 세도가의 손에 집중된 것도 그렇다. 또 입법이나 비공식 조치를 통해 수입경쟁을 방해한 것도 그렇고 은행대출이 신중한 경제예측보다는 정치적인 의도에 따라 이루어진 것 또한 그렇다.

40년 전 필자는 일본이 경제를 구조적으로 조정하지 않으면 무역흑자에 대한 지나친 의존으로 위험한 사태에 빠지게 될 것이라는 경고의 글을 일본 신문에 써야만 했다. 수출을 주로 하는 국가들은 수입이 늘어나는 것도 용인해야 한다. 아시아 호랑이들이 성장이 느린 세계 각국에 전적으로 수출만 하려는 것은 바른 일이 아니다.

1970년 이후 필자는 이와 같은 경고를 궁지에 빠져가는 한국에 보내야 했다. 그러나 나라가 판단력이 마비될 정도의 발전을 구가하고 있을 때는 전문가들의 경고에 신경을 쓰지 않는다. 한국은 일본처럼 정책과 구조가 나빴던 것뿐인가? 1945년 패전 이후 일본은 전반적으로 민주주의 체제가 기능을 발휘해오고 있다. 한국은 해방 이후, 식민통치의 속박에서 일련의 독재와 준독재로 전환했다. 한국에는 일당(一黨) 통치의 병폐를 뿌리 뽑을 만한 맥아더 장군의 점령이 없었다. 시간이 가면서 민주주의, 민영화, 규제완화를 향한 움직임이 시작되었을 때도 한국은 그 과정이 느리고 산발적이었다. 말하자면 두 발짝 나가고 한 발짝 되돌아오는 그런 식이었다.

지금 한국의 정책 대응은 12월 대통령 선거 결과가 나올 때까지 지연되고 있다. 원화의 공매(空賣)를 원하는 투기꾼들은 이러한 시간적 지연이 좋은 기회가 되어 즐거워하고 있다. 방금 필자가 지적한 한국 사회에 대한 진단을 읽은 사람은 누구나 한국의 은행, 기업, 관료들이 외국의 금융인들과 경제 외교관들로부터 별로 존경을 받지 못하고 있는 이유를 이해할 것이다. 이들의 눈에 한국은 태국사태가 터지기 훨씬 이전부터 경제 문제가 일어나게 되어 있었던 나라였다. 이들은 매주 한국의 주가와 시장지수가 세계금융시장 승부에서 앞장서 하락하고 있음을 확인할 수 있었다. 그것도 한국의 국내총생산(GDP) 성장이 미국의 연간 성장률 3~4%를 크게 상회하고 있었던 때였다.

태국사태는 무너져 내리기 쉽게끔 되어 있었던 한국의 금융구조를 건드렸을 뿐이다. 한국은 단기부채에 의존하여 외환보유고 고갈과 대외채무 연장 사태를 겨우 1분기 내지 1년 연기시켰을 뿐이다.

막말로 한국의 운명은 이제 국제통화기금(IMF)의 손에 달려 있다. IMF는 금융 붕괴의 해결책을 마련하는 데 있어 어떤 이익도 구하지 않고 있다. IMF는 지금과 같은 냉전 이후 시대에서 추구할 만한 어떤 이데올로기적인 현안도 없다. 한국의 고통은 자업자득이며 IMF는 이 고통을 위로해줄 무한한 자금을 보유하고 있지도 않다. 한국정부와 산업은 최소한 상당 기간 내핍과 불황을 겪어야 할 것이다. 만약 호전적인 노조나 사상적으로 민족주의적인 대학생들이 이러한 현실에 적응하지 못한다면 한국 국민들은 격동을 피하기는커녕 고통은 더욱 심해지고 그 기간도 더 길어질 것이다. 세기말 이 시점에서 한국 사회는 불가피하게 그 일관성과 견고성 그리고 생존성에 대한 도전에 직면하게 될 것이다.

어려운 결정이 필요한 위험한 시기
Perilous Times and Necessary Hard Decisions

외환위기에 직면한 한국이 먼저 해야 할 일은 금융체제를 깨끗이 하는 일이었으며 규제철폐와 수입시장의 개방도 무엇보다 필요했다. 한국은 또 유동자본의 부족에도 대비해야 했다. 무엇보다 중요한 일은 한국이 치를 희생을 여러 계층에 골고루 분산하는 것이었다.

_DATELINE 1998년 1월호 게재

경·제·상·식

쿼터제_ tariff and quota system
관세할당제도. 어떤 물품의 수입에 있어서 일정량까지 낮은 관세율을 적용하고 이를 초과하면 높은 관세율을 부과하는 제도

제 3 장_ 환란의 교훈

얼마 전까지만 해도 한국경제는 평온하고 형편이 좋아 보였다. 그런데 지금의 현실은 천양지판이다.

지금부터 금세기 말 사이에 한국 국민들은 혹독한 시련을 겪게 될 것이다. 2~3년의 저성장 또는 제로성장 정도로 끝난다면 그나마 다행일 것이다. 부도와 직장 폐쇄가 확산되고 그에 따라 실업자가 발생하겠지만 오래가지는 않을 것이다.

국제통화기금(IMF)과 선진국들로 구성된 국제차관단으로부터 필요한 지원과 지도를 받으면 한국은 앞으로 3년 후에는 몇 년 전 멕시코가 이루어낸 것과 같은 경제회복을 달성할 것이다.

이는 세계 경제 전문가들이 한국의 문제를 얼마나 심각한 것으로 판단하고 있는지를 보여주는 것이다. 악몽과도 같은 지금의 상황에서 쉽게 빠져나올 수 있는 길이 있다고 믿는 사람이 있다면 그것은 아마도 희망적인 생각에서 나온 것일 것이다. 하지만 이런 낙관은 오히려 한국 국민의 고통을 연장하고 더욱 깊게 만드는 프로그램과 처방전만 양산할 뿐이다.

하버드대학의 제프리 삭스 교수는 여러 국가들을 도와 인플레이션을 안정시키고 성장 잠재력을 키워준 경험이 많은 저명한 경제학자이다. 그는 IMF에 지나친 내핍과 희생을 강요해서는 안 된다고 경고했는데, 이는 경제회복이 상당히 진행된 이후 해당국에 유리한 영향을 미칠 수 있을 것 같다. 그러나 한국 국민이 교육수준이 높고 추진력이 강하긴 하지만 최대 생산 잠재력이 떨어지는 것은 피할 수 없을 것이다. 태국도 불과 작년까지만 해도 형편이 괜찮았고 수익이 있었고 또 재정적으로도 건전해 보였다. 그러나 그것이 이전에는 상거래가 활발했던 시중 경제 활동이 정지되는 것을 막아주지는 못하고 있다.

한국이 제일 먼저 해야 할 일은 금융체제를 깨끗이 정돈하는 것이다. 은행대출이 그토록 광란스러웠고 그 규모가 그토록 감추어졌던 만큼 IMF의 지원이 한국의 금융체제를 완전히 정비하는 데는 불충분할 수도 있을 것이다.

모든 민주주의 국가들은 생각과 태도가 유난스레 잘 변한다. 문제가 터지면 유권자들이 좋아할 리가 없다. 그들은 책임을 뒤집어 쓸 속죄양을 찾게 된다. 이 모든 것이 국제 투기꾼들의 책임이라고 할 것인가? 피부색이 희지 않은 아시아인들에 대한 음모라고 주장할 것인가? IMF는 미국 금융인들과 기업인들의 앞잡이에 지나지 않으며 따라서 전체적인 위기는 한국의 수출 기업들을 유럽과 북미 시장에서 쫓아내려는 또 다른 조잡한 작전에 지나지 않는다고 말할 것인가? 한국의 프롤레타리아 계층이 국내와 국제자본주의자들에게 새로이 약탈을 당하고 있다고 주장할 것인가? 그렇다면 거리의 폭동과 파업이 민족적 자존심의 표현으로 합리화될 수 있을 것인가?

다음을 합리적으로 대답해 보자. IMF가 애써 페소화 붕괴를 멎게 해주었을 때 멕시코 회생의 대가로 얻은 것은 무엇인가? 1948~1952년 사이에 미국이 유럽을 지원한 마셜플랜으로 자국에 득이 되는 덕을 본 것이 있는가? 말레이시아의 애국적인 총리가 경제적인 구조라는 측면에서 한국에 줄 수 있는 것은 무엇인가? 그의 분노에 찬 비난과 거창한 공공사업 추진은 자국의 신용평가에 깊은 상처를 입혔다.

이제 공평을 기하기 위해 우익에서 나오고 있는 일부 잘못된 생각도 바로잡을 필요가 있다. 그렇다, 한국은 규제철폐 개혁과 수입시장의 개방이 필요하다. 그것은 이기적인 미시경제적 이유 때문에도 그렇다. 즉 시장지향적이고 세계에 대해 개방적인 사회는 국민들의 생활수준을 장기적으로 향상한 반면, 관료에 의해 운영되고 관세와 쿼터제로 문이 닫힌 경제는 정체되거나 퇴보하기 때문이다. 그러나 규제철폐가 공공책임의 부재를 의미하는 것은 아니다. 미국이나 독일이 1929~1933년의 지독한 대공황에서 벗어난 것도 규제를 완화하고 긴축재정을 실시했기 때문이 아니었다.

그렇다면 무엇 덕분이었는가? 루스벨트 대통령의 뉴딜정책에 의한 금융체제 정비가 매우 중요했다. 미국과 독일의 일시적인 재정적자 또한 마찬가지로 중요했다. 이 모든 것이 잘 되면 삭스 교수를 초빙해 시의적절한 조언을 들을 때가 올 것이다.

한국은 앞으로 오로지 희생이 불가피하다. 한국의 성숙한 민주주의가 해내야 할 일은 이러한 희생을 사회의 여러 계층에 골고루 분산하는 것이다.

1998년 한국은 (아시아의 다른 나라도 마찬가지이겠지만) 유동자본이 부족하게 될 것이다. 생산적 고용을 하면 자본 활용에서 이득을 얻을 수 있다. 외국 투자가들이 합작사업으로 한국에 진출하거나 한국의 상장 주식을 소유하려고 상당히 애썼던 과거에는 한국에 투자하려는 외국인들에게 제한이 너무 많았다. 이제 외국 투자가들이 한국에서 투자수익성에 대해 매우 신중한 태도를 보이는 만큼 한국은 자본통제의 해제를 단행해야 한다. 그 목적은 국제금융인들에게 각별히 신경을 쓰기 위해서가 아니라 한국의 직업 소득자들에게 생산성과 실질소득을 증대하는 데 없어서는 안 될 추가자본을 형성하기 위해서이다.

한국시장이 자유화될 경우, 언젠가, 말하자면 서기 2008년쯤, 진행 중에는 달콤하지만 나중엔 불가피하게 고통으로 이어지는 투기적 거품이 새로 생기면서 또다시 금융위기가 닥치지 않는다는 보장이 있을까? 물론 그런 보장은 없다. 시장이 자율에 맡겨지면 쉴 새 없이 과대 또는 과소평가의 파도에 휘말리기 때문에 효율성이 크게 떨어진다. 우리는 이를 이해해야 한다. 그러나 그렇다고 해서 현재의 위기에 대처하지 않는 게 낫다고 결론을 내리거나 자급자족경제의 벽을 쌓는 것은 잘못된 대응이다. 자급자족경제는 모든 나라를 이웃 나라와 격리하고 다양한 노동의 국제적 분업에 있는 높은 효율성이라는 장점을 영구히 희생하는 체제다.

앞으로 한국에는 위대한 날이 찾아올 것이다. 그러나 그 날이 저절로 오지는 않을 것이다.

한국이 위기를 벗어나는 길
The Path toward Moderation

금융위기에 빠진 한국의 진로로 사회안전망의 확충, 노동의 유연성 확보, 경기부양을 위한 감세정책 등이 제시되었다. 또한 민간 부문을 중시하고 거시경제정책을 실행해 경기부양에 나서야 한다고 새뮤얼슨 교수는 권고했다.

_DATELINE 1998년 5월호 게재

경·제·상·식

1 정실자본주의_ crony capitalism
한국의 재벌이나 일본의 게이레쓰(계열: keiretsu)와 같은 족벌 경영과 정경유착의 경제체제를 말한다.

2 서방 7개국 선진국 회담_ Group of 7(G7)
미국, 일본, 영국, 프랑스, 캐나다, 이탈리아 등 서방 7개 선진국을 말한다. 매년 정상들이 모여 정치와 경제 문제에 대한 회의를 연다.

처음에 오는 것은 금융공황과 붕괴다. 그리고 나서 구제조치들이 뒤따른다. 이런 과정이 있고 나면 경제성장이 멈추든가 아니면 적어도 성장률이 크게 둔화될 수밖에 없다. 역사적으로 볼 때 금융위기는 이렇게 찾아온다. 한국도 예외일 수 없다.

대출 받기가 아주 어렵게 되고 국제통화기금(IMF)이 하라는 대로 긴축재정을 실시하고 부실은행을 정리하다 보면 지금까지 거의 완전고용에 가깝던 경제는 실업을 양산하기 시작한다. 도산한 기업에서 실업자들이 쏟아져 나오고 도산을 우려하는 다른 기업들마저 투자계획을 축소하고 대대적 고용 감축에 들어간다. 한국의 실업률이 올해 초 6% 가까이 된 것은 놀랄 일이 아니다. 올 중반에 접어들면 실업률이 7%를 넘는 것도 예사일 것이기 때문이다.

혹시 한국의 실업률이 이처럼 증가하지 않는다면 기업과 정부가 경제개혁을 약속대로 실천하지 않아서 그렇다는 증거다. 일본의 경기침체가 6~7년을 끄는 것은 이 때문이다. 일본의 실업률이 다소 상승했다고는 하지만 여전히 4%를 밑돌고 있다. 일본 기업들이 저생산 직종에 여전히 종신고용자들을 은밀히 거느리고 있으면서 겉으로는 그렇지 않은 척하고 있음이 여기서 드러나는 것이다. 이미 증명됐듯이 한국은 일본식 정실(情實)자본주의(crony capitalism)와 서투른 관료주의를 너무 철저히 모방한 대가를 톡톡히 치르고 있다.

유럽에서는 7% 내지 10%의 실업률을 정상으로 여긴다. (예컨대 스페인의 실업률은 20%이고 유럽의 경제대국 프랑스와 독일의 실업률도 이미 오래 전부터 10%대를 넘고 있다.) 그러나 독일과 같은 유럽의 복지국가들은 실업자들에게 소득을 보장해 주고 있다. 한국에는 아직 이렇다 할 '사회안전망(사회보장 프로그램)'이 없다. 때문에 최소한의 사회보장책이 마련되지 않는다면 실업으로 고통에 시달리는 가정이 늘어나면서 한국 사회는 화약고가 될 우려가 있다.

스칸디나비아 국가들과 네덜란드의 경우 1945년부터 1975년까지 30년간 혼합경제(Mixed Economy; 자본주의 경제와 사회주의 경제의 혼합형태)를 채택한 결과 이것이 암적인 장애가 돼서 경제가 크게 낙후되었다. 스웨덴에서 1970년 이후 창출된 새로운 직장은 모두 공공기업 뿐이었고 소득세 최저세율을 지나치게 높여 탈세와 생산성 저하를 장려하고 말았다.

네덜란드의 경우를 보자. 이 나라는 한때 일정한 자격을 갖춘 미술가들의 작품을 정부가 무조건 사들인 적이 있다. 그러자 예상대로 정부의 창고는 곧 사들인 미술품들로 가득 차고 말았다. 동시에 건강 장애를 내세워 정부에서 종신 장애연금을 타는 사람들이 네덜란드 전체 인구 중 상당 부분을 차지하게 되었다. 스페인에서는 실업자 수가 어마어마하게 늘어나고 있지만 노령 노동자들을 우대하는 과거 프랑코 정부 정책만을 고집하고 있다. 내 생각에 한국은 사회안전망을 구축하되 최소한으로 제한해야 한다. 복지 천국이었던 나라들의 실패에서 한국은 배워야 한다. 한국은 사회보장을 실시할 경우에도 실업수당을 굶지 않을 정도로 지급해야 한다. 그러면서도 취업을 장려하기 위해서는 일하는 사람들이 연금생활자보다 잘 살도록 배려해야 한다. 실업수당을 계속 타려는 사람들에게는 취업을 위해 노력했음을 입증하도록 해야 한다.

한국은 미국 노동자들의 유연성에서 배울 게 많다. 수백만 명의 미국인들이 새로 취업할 수 있었던 것은 이들이 고소득 직종에 대한 미련을 버리고 궂은 일이나 낮은 보수, 몇 푼 안 되는 의료보장 등을 흔쾌히 받아들였기 때문이다. 이런 노동자들의 융통성과 더불어 노조활동의 침체 덕분에 미국 실업률은 1990년대 유럽 실업률의 절반 수준에 머물 수 있는 것이다.

한국이 현재의 침체를 속히 벗어나려면 정부 관료나 국회에 기댈 게 아니라 민간 부문 종사자들을 중시해야 한다. 내가 바라는 것은 한국정부가 거시경제정책을 펴서 IMF와 G7(서방 7개국 선진국 회담)이 허용하는 한도 내에서 경기부양책을 실시하는 것이다. 그렇게 되면 한국의 중앙은행과 예산당국의 재량권은 1998년과 1999년에 상당한 제한을 받게 되지만 이런 조치에는 그 이상의 중요한 의의가 부여된다. 또한 하버드대학의 제프리 삭스 교수의 주장도 일리 있는 것이 된다. 그는 지나친 긴축으로 한국의 생산능력이 손상되어서는 안 된다고 주장하는 사람이다. 그러나 지금은 정책을 제때에 펴는 일이 중요하다. 한국은 세계와 미국 경제 지도자들의 신뢰를 다시 얻어야 하기 때문이다.

1950년대 혼합경제가 유행하기 전의 구식 방법으로 한다면 경기침체는 열심히 일하고 근검절약하면 해결할 수 있다. 케인스 이론 이전에 나온 이 경기침체 해결 방식을 쓰면 나라와 국민이 모두 필요 없는 고통과 희생을 강요당하게 된다. 유럽국가들이 혹시 거시경제적 경기팽창 정책(재정확대의 거시경제정책)을 쓰면 인플레이션이 필연적으로 발생할 것이라는 두려움에 질려 고실업을 장기간에 걸쳐 인내하고 있는 현실을 현대 경제 전문가 대부분이 비판하고 있는 것은 이런 연유 때문이다.

한국과 아르헨티나를 보자. 한국은 과거 투자 잘못 때문에, 아르헨티나는 수십 년 간의 초인플레이션 때문에 평판이 좋지 않은데, 이 두 나라는 이제 현실로 돌아와 대규모 공공사업 프로그램과 외채에 대한 의존을 줄여야 할 것이다. 지난 수년간 일본이 저지른 잘못은 별로 실익도 없으면서 정치적 선전 효과만 큰 임시 공공사업을 툭하면 벌인 일이었다. 그렇기 때문에 나는 한국이 경기부양책을 쓰되 '정치적 지출'을 위한 공공사업을 벌일 게 아니라 세율을 낮추는 방법을 쓰기 바란다. 한국 관료들이 경제 실적에 따라 기업에 상벌을 주는 식의 미시적 경기 회복책을 쓰리라고 예상되는데 그래서는 안 된다.

어느 사회건 최적의 방향으로 스스로 개혁하기란 쉽지 않다. 그러나 얻을 것이 있으리란 희망이 있으면 노력은 의미가 있다.

한국 재벌의 개혁
Restructuring Korean Chaebols

외환위기의 큰 원인 중 하나였던 한국의 재벌개혁이 여전히 미흡한 것으로 드러나자 국제사회에 우려의 목소리가 높았다. 무너지기 시작하는 기업을 끝까지 뒷받침해 주는 관행이 있는 한 생산성 향상의 만성적인 침체를 면치 못하기 때문이다. 정치-금융 관료가 야합하는 정실자본주의가 능력을 상실한 재벌의 생명을 연장시켜 주는 일이 있어서는 안 된다고 새뮤얼슨 교수는 경고했다.

_English Netzine 2000년 7월호 게재

경·제·상·식

1 독점금지법_ Antitrust Act
미국의 독점금지법. 반트러스트법이라고도 한다. 미국에서는 남북전쟁 후 급속도로 대기업 체제가 확립되어 석유·철도 등 여러 분야에서 독점이 형성되었다. 이러한 독점은 신탁(trust) 형태를 취하는 것이 많았고 마침내 1890년 이후 트러스트에 대항하는 반트러스트법이 제정되었다.

2 항소법원_ Appeals Court
상소 사건을 다루는 상급법원

제 3 장_ 환란의 교훈

한국과 일본 양국의 재벌개혁이 별 성과를 이루지 못한 것으로 드러났다. 한국의 거대기업 현대가 아직껏 유동성 위기를 해결하지 못한 것이 이를 증명한다. 한국 내외의 관찰력이 뛰어난 잠재 투자가들은 현대의 유동성 압박이 전염병처럼 확산돼 장차 한국 금융체제의 안정을 위협하지 않을까 우려하고 있다. 만약 그러한 사태가 벌어진다면 한국이 1999부터 2000년에 걸쳐 실현한 만족스러운 경기회복이 위험에 처하게 될지도 모른다.

'창조적 파괴'를 정상적인 시장자본주의의 건전한 속성으로 본 조지프 슘페터가 살아 있다면 이 문제를 어떻게 진단할 것인가? 아마 착잡한 심정일 것이다. 한편으로는 무너지기 시작하는 기업을 끝까지 뒷받침해 주는 관행이 많은 아시아 사회에 만연하고 있는 것이 한탄스러울 것이다. 이런 관행은 생산성 향상에 만성적 침체를 가져오기 십상이기 때문이다. 슘페터는 "미래는 현재보다 길다"고 생각한다. 현명한 외과의는 감염 부위에서 환부를 도려낸다. 당연한 일이다. 그러나 많은 환자들이 외과의의 수술칼에 목숨을 잃고 있다. 너무나 깊고 넓게 도려냈기 때문이다.

신세기에는 중견기업이 거대재벌을 따라잡게 되기를 사람들은 기대한다. 그렇게 되자면 재벌 위주의 과거 정치-금융관행이 없어져야 한다.

이렇듯 이론을 기술하기는 쉽다. 그러나 사법부, 행정부, 국회가 이에 알맞은 법과 정책을 만들어 내는 것은 현실적으로 매우 어렵다. 마이크로소프트가 걸려든 미국의 독점금지법을 생각해 보자. 마이크로소프트가 재벌기업인가? 마이크로소프트 창립자 빌 게이츠는 집안이 부유해 출발부터 유리한 입장이었던 것은 아니다. 그는 아무 것도 가진 것 없이 시작해 경쟁이 극심한 시장을 개척해 나가면서 성공을 거둔 회사의 주인으로서 세계 최고의 부자가 되었다.

현대는 혁신적인 최저비용으로 열성적인 고객을 확보할만한 상품을 만들어 내는 데에 실패했다. 현대는 미래의 시장수요에 대한 신중한 예측에 바탕을 둔 회계-판매 안전 기준에 전혀 맞지 않는 사업을 하느라 국내외로부터 무모하게 단기차입을 끌어들였다.

마이크로소프트는 얘기가 다르다. 이 회사의 제품 가격은 경쟁자들이 개발한 많은 혁신적인 상품들보다 낮았다. 미국의 정책은 마이크로소프트를 무너뜨리거나 그 주주들에게 징벌을 가하자는 것이 아니다. 연방법원의 잭슨 판사가 마이크로소프트를 2개 회사로 분할하도록 판결을 내린 것은 마이크로소프트가 경쟁사들에게 약탈적인 방법으로 압박을 가할 수 없도록 하려는 신중한 예방조치였다. 앞으로 항소법원이든 대법원이든 잭슨 판사의 판결을 승인할지 수정할지 최종결정을 내릴 것이다.

진보주의자나 보수주의자나 다같이 의견이 일치하는 부분이 하나 있다. 그것은 정치-금융관료가 야합하는 정실자본주의가 경쟁시장에서 맞설 수 있는 능력을 상실한 재벌의 생명을 연장해 주는 일이 있어서는 안 된다는 것이다. '손실을 줄여라(Cut your losses.)' 는 슘페터식 자본주의의 표어다.

아시아 개발도상국들의 정경유착을 말끔히 제거하는 엄청난 일이 이제는 과거지사가 되기를 필자는 바란다. 그러나 이 문제가 아직도 모든 선진 민주국가에 뿌리깊게 남아 있다는 사실을 보면, 끊임없는 감시가 있어야만 경제적 성공을 얻을 수 있다는 사실을 깨닫게 된다.

건전한 자본주의를 위한 부패 척결
Eradicating Corruption for Healthy Capitalism

시장체제는 완벽하지 않다. 특히 규제가 없는 자유방임 자본주의는 불평등을 만들어내고 경기순환을 일으킨다. 여기에 지배층 등 소수 엘리트가 자유방임 자본주의를 부의 부정한 축적에 이용한다면 시장은 효과적 기능을 상실하게 된다. 개혁은 가망이 없는 것이 아니다. 한국은 쓰러져가는 재벌을 파산하도록 내버려 두어도 좋다. 그리고 한국의 노조는 호전적 투쟁을 자제해야 한다.

_English Netzine 2000년 12월호 게재

경·제·상·식

1 자유방임주의_ laissez-faire
개인의 경제활동에 대한 자유를 최대한으로 보장하고, 국가에 의한 경제활동 간섭과 개입을 최대한 배제하고자 하는 사상을 뜻한다.

2 가격메커니즘_ price mechanism
공급이 수요보다 상대적으로 크면 가격이 내려가고 수요가 공급보다 크면 가격은 오른다. 따라서 가격이 높으면 수요가 줄고 공급은 늘어나게 돼 가격을 통해 수급이 균형을 이룬다고 할 수 있다. 이러한 조정기능을 가격메커니즘이라 한다.

3 비밀계좌_ numbered bank account
계좌주의 사생활 보호를 위해 이름을 밝히지 않고 은행과 미리 정해둔 암호로 거래하는 계좌. 범죄에 악용될 소지가 있어 스위스 등 일부 국가를 제외하고는 불법으로 간주된다.

제 3 장 _ 환란의 교훈

경제를 조직하고 운용하는 시장체제는 절대 완벽하지 않다. 잘 돌아간다 해도 가진 자와 못 가진 자, 남자와 여자, 좋은 집안에 태어나 고등교육을 받은 자와 노동자 집안이나 농가에서 태어난 사람 사이에 적잖은 불평등을 만들어 낸다는 사실을 경제 역사는 우리에게 가르치고 있다. 또 우연한 행운 때문에 임금과 부(富)에서 비인간적 불평등이 초래될 수도 있다.

규제가 없는 자유방임주의적 자본주의는 이런 결점 외에도 불가피하게 세계경제와 지역경제에 주기적 경기부침(景氣浮沈)을 일으킨다. 그렇지만 대안으로 나타났던 파시즘, 공산주의, 독재체제와 비교해 보면 그래도 현대적 혼합자본주의가 강점이 많아 보인다. 서독과 동독, 한국과 북한, 마오쩌둥주의의 중국과 대만 또는 레닌-스탈린 체제의 공산주의와 서구 유럽형 민주주의는 극심한 대조를 이뤄왔으며, 이런 차이는 20세기 내내 가격메커니즘(price mechanism)에 의한 경제시장체제의 장점을 부각시켜 주었다

그러나 국왕이나 황제, 독재자가 국가의 권력을 소수 엘리트의 부를 축적하는 데 이용한다면 시장은 그 효과적 기능을 상실하게 된다. 아르헨티나가 번영하지 못한 이유는 군장성들이 뇌물을 받아 이 불법자금을 스위스 은행의 비밀계좌로 빼돌렸기 때문이다.

나이지리아와 콩고의 독재자들은 원유와 각종 광물을 팔아 벌어들인 엄청난 돈을 흥청망청 써버려, 아프리카 주민들은 환태평양 지역의 기적 같은 경제성장을 전혀 누리지 못했다. 마르코스 대통령의 필리핀과 수하르토 대통령의 인도네시아는 경쟁에 의한 가격결정의 합

리성을 배격했다. 그렇게 해서 그들이 착취한 이득은 그들 나라의 실질경제에 미친 엄청난 피해와는 견줄 바가 못 된다. 지휘부가 위에서부터 썩어 있으면 정부 관료와 국회의 정치인들에게 좋지 않은 본보기가 되기 마련이다. 정실자본주의는 합리적 자본주의를 해친다. 기업경영자가 무엇을 아느냐가 아니라 누구를 아느냐에 따라 궁극적인 부의 성장이 결정되기 때문이다.

금융부패는 불법세력이 개입할 때 폐해가 더욱 크다. 일본이나 한국 같은 나라에서 부도기업이나 파산은행의 구제를 감독하는 규제기관을 상대로 뇌물과 로비가 오간 사실이 적발되었다면 앞으로 이런 상황을 어떻게 바로잡고 개혁할 수 있을 것인가? 부정직한 도당(徒黨)들은 정직한 동료들이 자기들을 범죄인 취급한다고 주장한다. 이렇게 하여 극악한 폭력조직은 미래의 부패 척결자들을 공갈 협박할 힘을 갖게 된다.

개혁은 가망이 없는 것이 아니다. 어렵고 속도가 느릴 뿐이다. 한국의 일부 재벌이 완전히 파산하도록 내버려 둔다 해도 세상이 끝나는 것은 아니다. 허약한 계열사를 일일이 다 구제하고 재벌 가족들이 상당한 재산을 보유하게 내버려 두는 것은 장기적으로 볼 때 지속적이고 활발한 사업확장에 도움이 되지 않는다.

장차 한국은 장기투자자금이 긴급히 필요하게 될지도 모른다는 사실을 유념해야 한다. 한국에 투자하는 자금이 과거의 잘못으로 허약해진 쓸모없는 재벌들을 구출하는 데 사용되리라는 우려는 상당히 근거 있는 것인데 이런 우려 때문에 외국 투자기관들이 한국에 대한 투자에 몸을 사리는 것이다.

한국의 민주주가 이런 도전에 용감히 맞설 수 있기를 기대한다. 한국 역사에서 현 시점은 양극화된 계급투쟁보다는 온건한 투쟁이 요구되는 때인 것 같다. 호전적 노조활동은 오늘날의 경쟁적 세계화 시대에 역효과를 일으킬 수 있다. 임금인상 투쟁에서 단기적 승리를 거두었다 해도 그것이 보다 경쟁성 있는 중국, 인도 등지로 생산공장 이동을 가속화하는 결과를 가져온다면 득보다 실이 많은 승리가 될 것이다.

미국은 이런 교훈을 비싼 대가를 치루고 배워야 했다. 그러나 미국은 다행히도 근로자들이 기업 구조조정으로 저임금 일자리밖에 없었을 때 이를 기꺼이 받아들이는 융통성을 되찾은 덕분에 1990년대의 번영을 누릴 수 있었다. 안타깝게도 프랑스와 독일은 아직 이 사실을 깨닫지 못하고 있는 것 같다.

한국, 일본의 실수를 되풀이해선 안 된다
Need for Korea to Avoid Japanese Mistakes

일본과 한국의 공통된 발전 양식에는 1) 수출주도형 성장, 2) 거대 독과점 기업과 정부 관료들의 연대, 3) 기업의 평생고용 관례 등의 중요한 특징이 있었다. 일본 특유의 이런 정치 및 기업 지배구조는 주식과 부동산 거품의 붕괴로 무너지기 시작했다. 한국은 지속적 성장을 위해 일본식 경제체제의 유해요소를 제거해야 했다.

_English Netzine 2001년 10월호 게재

경·제·상·식

1 신경제_ New Economy
통신기술, 인터넷, 생명공학 등 첨단기술 산업을 중심으로 한 경제

2 구경제_ Old Economy
제조업 등 이른바 굴뚝산업 중심의 재래식 경제

제 3 장 _ 환란의 교훈

일본이 1945년에 패전하기 전, 한국은 일본의 식민지였다. 그렇기는 하지만 일본이 1950~1989년 사이에 이룩한 기적적인 발전의 성공적 모델은 1960년에서 2000년까지 한국의 개발계획에 강력한 영향을 미쳤다.

일본과 한국 모두에게서 공통적으로 보이는 이 발전 양식에는 다음과 같은 몇 가지 중요한 특징이 있다. 이런 특징은 싱가포르, 타이완, 홍콩의 발전 양식에서도 어느 정도 나타나고 있다.

1) 대부분 교육수준이 높고 근면했던 태평양 연안지역 근로자들은 가장 선진 공업지역인 북미와 유럽의 혁신 기술을 모방해 이들 지역에서 도입한 기술을 적용, 가격경쟁력 있는 상품을 만들어 서구에 수출했다. 아시아의 오랜 빈곤구조를 타파한 것은 바로 이 수출주도형 성장이었다.

2) 일본과 한국에서는 각각 '게이레쓰(系列)'와 '재벌'이라고 하는 거대한 독과점 기업들과 정부 관료 간의 연대가 특별히 강조되었다. 주거래은행들은 이 대기업들에게 막대한 대출을 해주었으며, 시장점유율의 확대에 집착한 나머지, 장기 수익성에 대한 면밀한 계산을 외면했다.

다소 미흡했지만 이런 체제는 놀랍게도 수십 년 동안 꽤 잘돼 갔다. 과도한 부채 위에 취약성이 감추어져 있고 추자 결정들이 본질적으로 비효율적인데도 말이다.

3) 태평양 연안국들이 종신고용을 고집하면서 시장규율이 무시됐다는 점이다. 종신고용 관행은 자유시장 경제체제의 기본인 경기의

119

상승과 하강을 도외시하는 행위다.

  지금은 이미 지나간 얘기로, 일본 특유의 정치·기업 지배구조는 1990년에 주식과 부풀린 부동산 가격의 거품이 터지면서 무너지기 시작했다. 1990년에서 2001년의 기간에 일본에서 그토록 역기능적으로 작용했던 바로 그 경제체제를 한국이 상당히 오래 유지했지만 한국경제는 같은 기간 동안 훌륭한 성장을 이룩했다. 게다가 1997년 이후의 아시아 개도국 금융위기에서도 회복했는데 이는 놀라운 일이 아닐 수 없다.

  1990년대 클린턴 대통령 시대에 미국경제가 괄목할만한 회복세를 보이면서 아시아국가에도 크게 도움이 되었다. 그러나 21세기에 들어서면서 미국 증권시장의 거품도 터졌다. 미국 제조업은 과열되었던 실질성장에서 실질적 하강으로 돌아섰는데, 이는 신경제(New Economy) 기술 부문에 대한 과잉투자 및 과대평가와 연관이 있다. 이러한 약세는 시간차를 두고 약간의 지체 후에 구경제(Old Economy) 분야로 확산되었다.

  특기할 점은 미국 국내총생산(GDP) 성장세의 둔화로 가장 큰 타격을 받은 것은 아시아의 수출국들이라는 것이다. 예를 들어 싱가포르는 이미 불황에 들어섰고 대만도 비슷한 충격을 받았다.

  따라서 한국은 자국의 일본식 경제체제에서 유해한 부분은 털어내기 시작해야 한다고 필자는 믿는다. 1989년 이후 일본이 경기침체를 되풀이하면서 10년째 불황이 이어지고 있는 것은 절대 부러워할 일이 못 된다. 더군다나 한국 자체의 기업구조에도 드러나지 않은 불

제 3 장_ 환란의 교훈

량대출과 지불불능에 대한 취약성이 계속 잠복해 있는 상태이다.
　필자는 이것이 미국 방식 대 아시아 방식의 문제가 아니라는 사실을 강조하지 않을 수 없다. 선진지역인 서구에서도 독일, 이탈리아, 프랑스는 여전히 북미의 양상과는 다르며, 이들 국가의 국민들은 성장 지연과 혁신적 발전을 가로막는 무기력함이라는 대가를 치르고 있다. 대조적으로 핀란드, 아일랜드, 덴마크, 네덜란드는 유로통화권의 국내총생산 경쟁에서 선두를 달리고 있다. 이 나라들이 미국의 헤게모니에 굴복해서 그렇게 된 것은 아니다. 그보다는 그들 스스로 깨닫게 되어서이다. 즉 현실적 여건상 실업과 낮은 실질임금률 중에서 양자택일해야 할 경우, 후자를 받아들일 수 있는 근로자들의 융통성 있는 자세가 21세기 세계 현실 속에서 택해야 할 바람직한 길이라는 것을 말이다.
　뉴욕과 워싱턴에서 일어난 테러의 충격으로 미국경제가 금년 말 회복하기 시작할 것인지 여부를 판단하기가 힘들게 되었다.
　그러나 이런 새로운 세계적 혼란으로 일본이 비효율적인 정책을 쇄신해야 할 필요성은 증대될 뿐이다. 물론 분명히 한국에도 똑같은 논리가 적용된다. 10년간의 국내 경기침체를 겪고서야 사고방식과 제도상의 필요한 변화가 일어난다면 실로 어처구니없는 일이다.
　일본의 장점이라면 높은 교육수준, 활기찬 노동력, 고품질 제품 생산 강조, 계급투쟁적 노사관계의 지양이다. 이러한 장점은 예전처럼 지금도 유지되어야 한다. 그러나 지금은 신세기의 현실에 합당치 않은 요소를 선별적으로 가지치기해야 할 시기이다.

121

부패의 정치경제학
The Political Economy of Corruption

1997년 아시아 외환위기를 계기로 서구 언론은 아시아의 '정실주의'에 많은 관심을 기울였다. 그러나 부패와 정실주의는 아시아에만 있는 것은 아니었다. 미국, 영국, 독일도 '서구' 정실주의로부터 자유롭지 못했다. 미국 '엔론 사태'가 그 예였다. 경제학자들은 무엇보다 나쁜 죄악이 부패라고 생각했다. 부패가 노동·토지·자본 자원의 효과적 배분을 저해하기 때문이었다.

_English Netzine 2002년 3월호 게재

경·제·상·식

1 카르텔_ cartel
기업연합. 독일어로 kartel이라고도 한다. 동일 업종의 기업이 경쟁의 제한이나 완화 목적으로 가격, 생산량, 판로 따위에 대해 협정을 맺는 방식으로 형성하는 독점 형태를 말한다.

2 티팟돔 스캔들_ the Teapot Dome scandal
워런 하딩 대통령이 1922년 와이오밍에 있는 해군 저유소인 티팟돔을 내무부 관할로 옮기고 이의 독점 사용권을 매머드 석유회사에 불법적으로 허가한 사건

제 3 장 _ 환란의 교훈

부패는 사회의 건전한 발전을 해칠 뿐 아니라 경제발전의 결실을 대다수 국민들에게 공평히 분배하는 데도 저해 요인이 된다.

실제로 국내 불안과 범죄 행위, 조직폭력과 광신도들의 테러 행위처럼 부패와 정실주의도 해로운 사회 현상으로 한데 묶을 수 있다.

자본주의 이전 시대에는 국왕과 봉건 영주들이 경쟁시장체제를 무시하고 일을 처리했다. 옛 프랑스에서는 소금과 성냥 생산 면허가 왕실의 충성스러운 신하들에게 팔리거나 주어졌다. 로마가 세계를 정복했을 때 로마군대는 정복한 지방을 휩쓸면서 식량·연료·여자·노예들을 징발했기 때문에 물자 공급이 부족해도 견뎠다. 전쟁에 이기고도 가난하게 죽은 장군은 무능한 장군으로 간주되었다.

보다 최근의 역사를 집중적으로 살펴보기로 하자. 1997년 태국의 금융 붕괴 여파가 한국경제에 번지자 미국과 유럽 신문들은 온통 '동양적' 정실주의에 관한 기사로 뒤덮였다. 한국의 재벌은, 중소기업도 마찬가지로, 정부 관료와 자신의 주거래 은행들로부터 원화뿐만 아니라 달러로 차입을 크게 늘리라는 권유를 받았다. 이는 대부분 확실한 담보가 뒷받침되지 않은 '시장점유율 제고'라는 막연한 목적의 투자용 단기차입이었다.

나중에 한국이 국제통화기금(IMF)과 대형 해외투자은행에서 구제금융을 받으려 했을 때 채권은행 조사단이 와서 보니 장차 차입금을 어떤 자금으로 상환할 것인지 정확히 보여주는 문서화된 금융 분석 자료가 없었다. 하버드대학이나 MIT(매사추세츠 공과대학) 경영대학원을 졸업한 숙련된 회계사는 대출 승인 및 거부 이유를 설명하는 컴퓨터 정산표가 없는 것을 보고 놀랐다.

오랫동안 부를 누려온 나라에서 만족스럽게 생활해온 사람들은 생산성과 실질소득을 미국 수준의 절반까지라도 끌어올리려고 애쓰는 신생국들을 비판하기 쉽다. 정통한 경제사학자들은 미국·영국·독일도 '서구' 정실주의로부터 자유롭지 못했다는 사실을 알 것이다. 1세기 전 부유한 매점 세력들은 철강 카르텔(cartel), 원유 전매와 기타 착취적 매점연합을 형성해 공공의 이익에 반하는 음모를 꾸몄다. 1870년대 그랜트 장군이 대통령으로 재직할 당시는 온통 스캔들 투성이었다. 보수파 하딩 대통령이 백악관을 차지했던 1920년대에는 티팟돔(Teapot Dome) 저유소 부지 스캔들로 관료들과 석유산업 간부들이 뇌물수수와 정치적 불법거래로 수감되었다.

또 이탈리아 남부와 시칠리아의 경우를 보자. 이 지역들은 오늘날까지도 평균소득이 상대적으로 낮다. 지난 세기 미국 남부의 약진과는 확연히 대조적이다. 왜 이런 차이가 난 것일까? 살인·납치·공갈·방화 등 폭력을 사용하는 조직범죄(마피아)가 시칠리아의 성공적인 발전을 가로막았기 때문이다.

한국의 독자들은 요즘 미국의 엔론 스캔들 얘기를 들었을 것이다. 세계 역사상 최대의 기업파산 사건이 발생한 것은 미국경제와 정치사에서 가슴 아픈 순간이 아닐 수 없다. 단지 운이 나빠 그렇게 된 것인가? 천만의 말씀이다. 엔론의 중역들은 로비를 통해 수십 억 달러를 뿌려 가며 정부 관리들을 선거에서 당선시키고 그들에게 영향력을 행사했다. 이것이 엔론의 회계 투명성과 에너지 가격 규제 해제에 유리한 법을 낳은 것은 당연한 결과이다. 이보다 더 나쁜 것은 회사 수익이 폭발적으로 증가하고 있는 듯한 허위 상황을 제시해 투자자들로부터 수십 억 달러를 끌어들인 것이다. 수천 명의 엔론 사원은 그들의 연금자산을 엔론 주식에 투자하도록 강요당했다. 엔론의 고위 간부들은 수백만, 수십 억을 몰래 감춰 두었고 사원들은 값어치 없는 회사 주권만 끌어안은 결과가 되었다.

죄를 지은 당사자 모두가 감옥에 갈 것인가? 아마도 그렇지 않을 것이다. 일부는 수감될 것인가? 아마 그럴 테지만 그 숫자는 몇 안 될 것이다. 엔론이 뿌린 돈의 힘으로 에너지 부문에 대한 법적 규제가 해제되고, 회계 규정이 왜곡되었으며, 엔론의 영업수익 악화가 은폐될 수 있었음을 잊어서는 안 된다.

경제학자들은 이런저런 사람이 이런저런 사람에게 부당하게 돈을 잃은 것보다 더 나쁜 죄악이 부패라고 생각한다. 부패는 사람들이 필요로 하고 원하는 소비재, 그리고 경제성장과 발전을 성취하는 데 장차 소요될 자본재를 만드는 데 필요한 최소한의 노동·토지·자본 자원의 효과적인 분배를 파괴한다.

공정하고 생산적인 사회를 이루어 나가는 데 가장 큰 적은 스탈린과 마오쩌둥 말고는 부패와 불법뿐이다. 스탈린과 마오쩌둥은 민주국가라면 제거할 수 있지만 부패는 밤에(는 물론 낮에도) 땅속에서 활동하는 벌레와도 같아서 뿌리 뽑기 힘들다.

대다수 유권자들이 눈을 부릅뜨고 신중히 법을 만들고, 이 법을 철저히 집행하는 길만이 부패를 가능한 최소화할 수 있는 유일무이의 효과적 방법이다.

한국이 미래에 내려야 할 가장 중요하고 어려운 결정

Korea's Most Important and Difficult Future Economic Decision

일본의 경제구조가 초래한 장기적인 침체와 대처 이전 영국의 노조 우선주의가 불러온 성장 저하, 그리고 융통성 없는 노조로 인해 고통 받는 독일과 프랑스의 경우에서 한국은 많은 것을 배울 수 있었다. 한국은 호전적 노조와 여기에 동조하는 대학생들의 가두시위가 외국투자를 저해하고 있었다. 한국은 슘페터의 '창조적 자본주의 파괴'를 진지하게 검토해 보아야 할 때였다.

_English Netzine 2002년 5월호 게재

경·제·상·식

1 대처주의_ Thatcherism
1979년 영국 총선거에서 보수당의 승리로 집권한 마거릿 대처(Margaret Thatcher) 총리가 국영기업 민영화, 노조 활동 규제 등 무기력한 영국경제를 활성화하기 위해 단행한 일련의 사회경제개혁 조치.

2 대중영합적 민주주의_ populist democracy
아르헨티나를 비롯한 일부 라틴아메리카 국가들에서 유행했던 것으로 능력 이상의 복지·임금 정책을 편 민주주의.

3 시카고 보이즈_ Chicago Boys
주로 시카고대학 경제학과에 유학한 칠레 출신 경제학자들을 일컫는 말로 신자유주의적 경제개혁을 피노체트에게 제시했다.

제 3 장_ 환란의 교훈

국가는 어느 정도는 스스로의 경험으로 배워나간다. 그러나 다른 나라의 경험으로부터는 더 많은 것을 배울 수 있다. 40년 전 식민통치에서 해방된 신생 한국은 일본의 성장 및 발전 모형의 대부분을 모방했다. 처음에는 수출주도 성장, 관료집단과 자본가 간의 정실주의로 이루어진 모델이 양국 모두에서 상당한 효과를 거두었다.

그러나 1989년 이후 경기침체가 계속되자 일본은 이런 경제 구조와 기업관리 체제의 기본적인 허점으로 인해 톡톡히 대가를 치르고 있다. 다행히 한국은 대기업에서의 평생고용을 인정하지 않고 불량대출로 인한 지불불능을 은폐하지 않음으로써 일본식 기능마비를 답습하지 않았다.

여기서 필자가 한국에 권고하는 것은 (1) 슘페터의 '창조적 자본주의 파괴' 개념을 진지하게 생각해 보라는 것이다.

한국은 (2) 대처주의 이전, 노동자 우선주의 경제체제의 형편없는 성장과 생활수준이라는 영국의 나쁜 경험에서 아마도 얻는 것이 있을 것이다. 당시 영국 경제는 노조가 강력하고 투쟁적이었으며 융통성이 없었던 것이 특징이었다.

(3) 이와는 대조적으로 유럽연합(EU) 내의 역동적 경제국이었던 아일랜드, 핀란드, 네덜란드, 덴마크 등은 1990년대의 미국식 패턴을 점진적으로 채택하여 전통적인 경제체제를 유지한 프랑스, 독일, 이탈리아에 비해 경제를 잘 꾸려오고 있다.

(4) 마지막으로 1945~1980년 사이의 실망스러운 시대에 라틴아메리카는 대중영합적 민주주의, 만성적 고(高) 인플레이션, 제자리를 맴

도는 실질임금 성장, 주기적 군사독재가 특징이었다. 그러나 지난 10년 동안 유일하게 칠레가 상대적인 경제적 성공으로 두각을 나타내고 있다. 역설적인 이야기로, 파시스트적인 피노체트 대통령의 독재는 국민투표로 종결되었지만, 동시에 피노체트 치하에서 시작된 '시카고 보이즈(Chicago Boys)'의 경제개혁은 거의 그대로 유지되고 보완되었다.

1850년에는 모든 면에서 세계 제1위였던 영국으로부터 두 가지 배울 점을 곰곰이 생각해 보자. 1900년이 되자 영국은 세계 2위로 떨어졌다. 그리고 1960년부터 1979년 사이에는 세계 13대 부국 중 3위에서 12위로 전락했다. (필자는 버클리대학의 카드 교수와 하버드대학의 프리먼 교수를 인용하고자 한다: 대처 총리 이후 영국의 개혁과정은 "영국을 유럽의 경쟁국들에 비해 보다 시장 친화적으로 만드는 데 성공함으로써……1인당 국내총생산(GDP)의 상대적 저하 현상을 [저지했으며]……[그리고] EU의 경쟁국들과는 달리 영국은 노동자들의 실질임금이 상승하고 고용인구 비율도 높일 수 있었다.")

프랑스와 독일이 우위를 잃은 이유는 무엇인가? 이들 나라 국민은 연간 근로시간이 적다. 덴마크에서는 필요한 정리해고를 노조가 반대하지 않는다. 이와 대조적으로 독일과 프랑스의 노조는 융통성이 없어 손실을 축소시키려는 이러한 시도를 오히려 방해한다. 노조가 단기적 승리를 거둘수록 생산기지를 해외로 이전시키는 과정이 빨라질 뿐이다.

제 3 장_ 환란의 교훈

좀 더 구체적으로 설명하자면 이렇다. 완전히 파산한 한국의 한 재벌을 생각해 보자. 국내 투자자는 누구도 이를 인수해서 고용을 유지하려 하지 않을 것이다. 미국의 대형 제조기업은 (1) 가격을 대폭 할인하고 (2) 잉여 인력을 해고할 수 있는 조건이라면 인수할 생각이 있을 것이다. 하지만 노조가 파업하겠다고 위협하고 어쩌면 총파업까지도 불사하겠다면서 동조적인 대학생들을 거리로 불러내 폭동을 부추긴다고 생각해 보라. 인수하려던 외국 투자자들이 협상에서 발을 뺄 것은 분명한 일이다.

그러면 어떻게 되는가? 정부는 공적 자금을 사용해서 회사를 계속 운영하거나, 기능 정지된 경영권을 인수할 새 펀드를 조성해 운영을 재개하라는 정치적 압력을 받게 될 것이다.

여기서 우리는 마오쩌둥 이후의 중국과 스탈린 이후의 러시아에서 배울 것이 있다. 그것은 생활수준의 향상으로 이어지는 실질적인 경제발전은 거대한 국영기업이 어떤 방법으로든 시장에 반응하는 새로운 경영체제로 바뀔 때에만 가능하다는 것이다.

필요한 것은 1941년 슘페터가 제창한 방식의 '창조적 자본주의 파괴'가 아니라 푸틴과 리펑 방식에 의한 '창조적 사회주의 파괴'이다.

이는 어렵지만 중요한 문제를 제기한다. 그것은 현대 한국 사회가 장기적인 관점에서 필요하게 될 어려운 결정을 내릴 수 있느냐는 것이다.

우리는 얼마 전 아르헨티나가 자국 화폐인 페소화를 달러에 고정시켜 뛰는 인플레이션을 잡으려다 실패한 것을 목격했다. 처음에는 아르헨티나의 외환보유고가 충분해 페소와 달러의 1대 1 환율이 가능했다. 그러나 임금이 오르고 생산성이 떨어져 적자 예산지출이 불가피해지자 눈치 빠른 외국 투자자들은 아르헨티나에 대한 투자를 가속화하는 것이 위험하다는 것을 알아차렸다. 아르헨티나인 스스로도 '달러' 은행예금을 나중에 인출할 수 없을지도 모른다는 것을 알 수 있었다. 당연히 그들은 앞다퉈 예금을 인출해 금이나 진짜 달러의 매집이나 스위스 또는 세계의 보통주 및 채권 투자로 방향을 돌렸다.

결국 아르헨티나는 완전히 무너졌다. 달러화에 고정된 환율을 포기했다. 페소화의 평가절하가 가속화되고 시민들은 평생 저축한 돈을 거의 다 잃었다. 정치인들도 직업을 잃었다. 새로운 관료들이 들어섰지만 상황을 돌이키기에는 역부족이었다.

만약 한국이 영국, 덴마크, 핀란드 또는 네덜란드 그리고 미국 같은 시장의 유연성을 취할 능력이 없는 것으로 판명될 경우, 아르헨티나와 같은 재난을 당하지는 않아도, 경제소득 성장률은 한국의 고급인력이 감내할 수 있는 수준 이하로 둔화될 것이다. 이렇게 된다면 안타까운 일이 아닐 수 없다.

자유무역이 한국에 주는 약속과 도전
The Promises and Challenges of Free Trade for Korea

한국은 1997년 아시아 금융위기를 성공적으로 극복했으나 인구가 10억이 넘는 중국과 인도의 거센 경쟁에 직면하고 있었다. 이 같은 상황에서 한국은 세계무역에 대한 개방을 더욱 강화함으로써 이득을 기대할 수 있었다. WTO(세계무역기구)를 통한 세계적 접근과 지역적 무역협정 체결이라는 두 가지 방법이 한국의 성장과 생산성 전망에 큰 보탬이 될 수 있었다. 이런 점에서 한·칠레 자유무역협정 등 지역간 FTA 체결은 시급한 현안이었다.

_**English Netzine** 2002년 12월호 게재

경·제·상·식

1 수입 대체_ import substitution
종래에는 수입에 의존하던 국내수요 물자를 국내에서 생산해 공급하는 것

2 관세장벽_ tariff barrier
국내산업 보호를 위해 수입상품에 높은 관세를 부과해 수입을 제한하는 조치

3 북미자유무역협정_ North America Free Trade Agreement(NAFTA)
1994년 미국, 캐나다, 멕시코 간에 체결된 선진국과 개도국 간 최초의 자유무역협정. 미국이 일본의 경제력에 대항하면서 유럽연합(EU)을 견제하고 중남미와의 관계 개선을 도모한다는 정치·경제적 배경이 깔려 있다.

20세기 후반의 경제사는 환태평양 국가들이 세계자유무역으로부터 상당한 이익을 거둘 수 있다는 사실을 보여주었다. 1950년 이후 일본이 이룩한 기적과도 같은 성장이 그 첫 번째 극적인 본보기이다. 그 다음 예는 한국, 싱가포르, 대만, 홍콩이다.

가위는 날이 두 개 있어야 하나 있는 것보다 잘 든다. 떠오르는 동아시아가 고속성장을 구가하던 바로 그 몇십 년 동안 중남미 국가들은 대부분 자유무역을 거부했다. 대신 보호무역주의와 국내산업에 대한 보조금 지급이라는 수단을 통해 '수입 대체'에 열을 올렸다. 이런 수단으로는 생산원가에서 세계의 경쟁가격과 상대가 되지 않는데도 말이다.

중남미의 보호무역주의 국가들은 과연 그들의 이데올로기와 보호무역주의로 보상을 받았는가? 절대로 받지 못했다. 아르헨티나, 파라과이, 페루, 브라질은 저성장에 불경기까지 닥쳐 실망이 컸다. 동유럽의 구소련 위성국들 역시 비슷한 슬픈 운명을 겪었다. 칠레의 경우는 관심을 가질 만하다. 칠레는 세계시장경제 체제를 받아들인 결과 중남미의 성공 사례 중 하나가 되었다.

오늘날 세계무역기구(WTO)는 중국을 비롯해 과거의 관치경제 국가들을 가입시켰다. WTO의 세계자유무역 프로그램과 발맞추어 지역 무역협정들이 나타났다. 유럽연합(EU)의 공동시장과 미국, 캐나다, 멕시코 간에 관세장벽을 제거한 북미자유무역협정(NAFTA)이 그것이다.

제 3 장_ 환란의 교훈

　멕시코같은 가난한 나라가 초강대국인 미국과 자유무역을 해서 이익을 취할 수 있을까? 역사는 이 질문에 대해 명확한 답변을 주었다. NAFTA에 의한 이익은 대부분 미국이 아닌 멕시코로 돌아갔다는 사실이다. 그러나 실제로는 NAFTA의 3개 회원국 모두가 이익을 얻었다.
　한국의 경우를 보자. 한국은 칠레와 쌍무적 자유무역협정 체결을 협상 중이다. 이것이 양국 모두에게 이익이 되기를 바란다. 세계 경제학자들은 대체적으로 이러한 시도에 박수를 보내고 있다.
　그렇다고 한국이 자유무역을 열렬히 옹호하는 나라로 널리 칭송받고 있다는 뜻은 아니다. 한국이 개발 초기에 모델로 삼았던 폐쇄적인 일본조차도 동남아시아국가연합(ASEAN)과 중국과의 자유무역협정 체결에 한국보다 더 큰 열의를 보이고 있는 듯하다.
　필자의 의견을 묻는다면 이렇게 답변할 수밖에 없다. "그렇다. 한국은 세계무역에 대한 개방(수출과 수입 양면에서의 개방)을 더욱 강화함으로써 이득을 기대할 수 있다."
　한국이 WTO를 통한 세계적 접근을 선택하느냐 아니면 일련의 지역적 무역협정을 체결하느냐의 상반된 두 가지 대안 중 하나를 선택할 필요는 없다. 두 가지 방법을 병행함으로써 2002~2010년 사이의 성장과 생산성 전망에 보탬이 될 것이다.
　한국은 1997년 이후의 아시아 금융위기를 일본을 비롯한 대부분의 아시아 경쟁국들보다 훨씬 성공적으로 극복했다는 사실을 자랑할 만하다. 축하한다! 국제통화기금(IMF)의 원조와 지원조건의 이행이 한국의 경제회복을 지연하기보다 촉진하는 데 도움이 되었다.

그러나 현재와 과거의 성공이 이제는 느긋하게 휴식을 취해도 된다는 의미는 아니다. 이와 관련하여 1989년 이후 일본의 좋지 않은 본보기를 절대적으로 피해야 한다.

잘 되었든 못 되었든 한국은 글로벌 혼합자본주의라는 현대적 경쟁 세계에 참여하는 길을 선택했다. 이런 시장은 상당한 보상을 가져다 줄 수 있다. 그 뿐만 아니라 때로는 심한 고통을 가져다 줄 수도 있다.

인구가 각기 10억이 넘는 중국과 인도는 세계 노동시장에서 새 경쟁자로 등장하고 있다. 1960년대의 한국처럼 이 두 나라는 값싼 노동력을 대량으로 노동시장에 내놓았다. 이들 노동력은 잘 훈련 받으면 보다 숙련된 생산자원이 될 수 있다. 한국의 고임금 근로자들이 경쟁해야 할 상대는 바로 이들이다. 한국이 현재의 개발단계에서 보호무역주의에 의존한다면 국민의 평균 실질소득을 유지하고 높이는 데 일시적으로라도 성공할 수 없음을 통계학적 증거는 분명히 보여주고 있다. 1990년 이후 일본의 실질소득이 얼마나 제자리 걸음을 하고 있는지 생각해 보라.

한국의 옛 재벌들의 중요성이 상대적으로 퇴색하면서 재벌과 무관한 신생기업들(때로는 제너럴 모터스 같은 외국 기업들과 공동협력 관계를 맺기도 하지만)이 번창하고 있다. 그 결과 눈치 빠른 미국과 국내 투자자들은 지난 몇 년 동안 미국이나 유럽보다는 한국 증권시장에서 재미를 보았다. 외국인 투자가 증가하고 한국의 신뢰도가 상승하면서 국내 번영이 위축되기는커녕 오히려 더 커졌다. 과거 대중영합주의적인 강경책보다 효과가 뛰어난 이런 전략을 고수해야 한다.

제4장

미국경제의 진로

세계화, 소득불균형을 조장하는 동시에 완화한다 136
이라크전 이후의 불확실한 세계경제 140
길고 깊은 경기하강이지 불황은 아니다? 144
경기회복 속도 느릴 수 있다 148
세계적 악성실업 오래간다 152

세계화, 소득불균형을 조장하는 동시에 완화한다
How Globalization Promotes Inequality and Mitigate It

컬럼비아대학의 경제학 교수 하비에르 살라이마틴이 2002년 발표한 연구 보고서에 따르면 이전 20년 동안 아프리카를 제외한 모든 대륙의 소득불균형이 크게 감소했다. 세계 인구 중 20억 이상을 차지하는 중국과 인도가 새로운 세계의 경제체제에 동참하면서 이 두 나라의 실질소득이 대폭 신장되었기 때문이었다. 이를 참고로 민주주의 국가들은 최악의 소득불균형을 통제하기 위해 공공정책을 혼합한 현대적인 혼합 경제체제를 구축해야 한다.

_English Netzine 2002년 10월호 게재

경·제·상·식

1 사회민주당 정책_ Social Democracy party policy
혁명이 아니라 의회민주주의를 통한 평화적 사회개량을 목적으로 하는 사회주의 정책

2 지니계수_ Gini Coefficient
이탈리아 통계학자 코라도 지니(Corrado Gini, 1884~1965)가 소득분포에 관해 제시한 통계 법칙인 '지니의 법칙'에서 나온 개념. 소득이 어느 정도 균등하게 분배되는가를 나타내는 소득분배의 불균형 수치

3 (미국) 국가경제연구소_ National Bureau of Economic Research(NBER)
미국의 비영리 사설경제연구단체로 전국의 대학교수 600여 명이 연구에 참여하고 있다.

제 4 장 _ 미국경제의 진로

작고한 고명한 노벨 경제학상 수상자 사이먼 쿠즈네츠는 유명한 법칙 하나를 정립했다. 쿠즈네츠의 법칙은 다음과 같은 내용을 담고 있다. (1) 빈곤한 후진사회는 소득불균형이 심하다. (2) 빈곤을 벗어나 개발이 시작되면 소득불균형은 처음에는 더욱 심해진다. (3) 하지만 사회가 현대적 발전단계에 이르면 사회 전반에 걸친 균형이 증진된다.

그러나 애석하게도 경제학은 물리학이나 수학처럼 정확한 학문이 아니고 또 그렇게 될 수도 없다. 쿠즈네츠의 법칙은 통계학의 대가였던 그의 타계를 전후해 나타난 경제사의 냉엄한 사실 앞에서 무너지기 시작했다. 뉴딜과 사회민주당 정책의 인기가 시들해지기 시작하자 대부분이 시장경제체제인 북미, 서유럽, 태평양 연안의 선진경제국가들에서 최근 수십 년에 걸쳐 소득불균형이 심화되는 경향이 두드러지게 나타나고 있다.

이를 보여주는 극적인 사실이 하나 있다. 50년 전 미국 대기업 CEO(최고경영자)들의 평균 급여는 일반 직원 평균 급여의 약 40배였다. 지금은 10배가 뛴 약 400배에 이르고 있다. 소득불평등도를 나타내는 지니계수(Gini Coefficient)를 보면 독일, 심지어는 스칸디나비아 국가들조차 비슷한 추세를 보이고 있다.

그러나 생산성이 높은 지역에 사는 빈민층은 형편이 점점 좋아져 빈곤한 사회에 사는 빈민층의 실질소득을 계속 앞지르고 있는 것 또한 사실이다. 따라서 "부익부 빈익빈(富益富 貧益富)" 현상은 현대 세계의 경향을 요약하는 명제로 적절치 않다.

빈곤한 사회가 일단 발전하기 시작하면 주변의 생산성이 높은 지역으로부터 받는 혜택이 엄청나다. 우선 그 지역으로부터 선진 기술 도입을 기대할 수 있다. 또한 신흥사회는 국제무역에 적용되는 비교우위(比較優位)의 법칙에 따른 선진세계로부터의 외주(外注)로 경제를 성장시키고 증대할 수 있다. 일본에서 홍콩, 싱가포르, 한국에 이르기까지 수출주도 성장이 공통된 발전 형태였다.

컬럼비아대학의 경제학자 하비에르 살라이마틴 박사가 최근 미국 국가경제연구소(NBER)에 제출한 중요한 보고서는 이러한 가설을 뒷받침하는 아주 재미있는 증거를 제시하고 있다. 2002년에 발표된 이 장문의 보고서에서 몇 줄을 발췌해 본다.

지난 20년 동안 "빈곤율은 크게 감소했다." 세계적으로 실질소득이 하루 1달러 미만의 범주에 드는 인구의 수가 2억 3천 5백만 명이 줄었다. 실적이 가장 나빴던 지역은 아프리카로 빈곤율이 오히려 상당히 늘어났다…….

우리는 세계의 소득분포에 따라 9가지의 소득불균형 지수를 산출한다. 9개 모두 1980년대와 1990년대에 세계적인 소득불균형이 상당히 줄어들었음을 보여주고 있다.

어떻게 이러한 소득불균형의 감소가 가능할까? 세계 인구 중 20억 이상이 중국과 인도에 살고 있다는 사실이 그대로 반영되었기 때문이다. 이 거대한 두 나라는 새로운 글로벌 경제체제에 동참한 뒤로 과거 태평양 연안국들의 경우와 똑같이 실질소득이 비약적으로 증대했다.

아프리카와 중동의 빈국들이 개발도상국과 선진국에 분개하는 이유를 이해한다. 부유한 서방문화권의 이상주의를 추구하고자 하는 학생들이 거리에서 세계화 반대 시위를 하는 것도 당연하다. 어린이들이 오염된 환경에서 노동착취를 당하고 있는 데 충격을 받았기 때문이다. 그러나 그들이 간과하고 있는 게 있다. 보호무역주의 정책으로 그 아이들의 일자리가 보다 부유한 사회로 되돌아갔을 때 이 빈곤 지역의 평균실질소득에 끼치는 영향이다.

그렇다면 세계화로 모든 게 다 잘 되리라고 확신할 수 있을까? 아니다. 민주주의 국가들은 자유방임 시장메커니즘과 공공 정책의 장점을 수렴한 현대적 혼합경제정책을 시행해 자유시장경제에서는 불가피한 최악의 소득불균형을 규제하고 개선하는 방법을 강구해야 할 것이다. 이것은 오랫동안 경제학자로서의 경험을 쌓은 한 개인의 의견이며, 이러한 의견을 생성시킨 몇몇 증거들을 필자는 앞에서 제시했다.

이라크전 이후의 불확실한 세계경제
The Uncertain Post-Iraq Global Economy

이라크전에도 불구하고 원유 공급은 부족에서 과잉으로 반전될 것으로 전망되었다. 그렇다고 미국경제가 강력한 성장세로 돌아서 유럽과 환태평양 지역의 강력한 경제성장을 자극할 것 같지는 않았다. 정상적인 경기순환 주기의 패턴이 신빙성이 없는 이유가 있었다. 미국의 취업 시장 전망이 밝지 않았던 점과 기업 수익의 성장이 둔화되고 있는 점이었다.

_English Netzine 2003년 5월호 게재

경·제·상·식

W자형 경기침체_ double-dip recession
경기가 일시적으로 회복을 보이다가 또다시 침체에 빠져 W자 형태를 나타내는 경제현상

제 4 장_ 미국경제의 진로

미국과 영국이 사담 후세인이 지배하는 이라크에 대해 벌이는 강력한 군사행동으로 정상적인 경제예측이 불가능해졌다. 침공이 순조롭다고 보도될 때마다 미국 달러화와 월스트리트의 주식시세는 올라갔고, 바그다드 진격이 지연되면 유로화와 엔화가 달러화에 대해 상승세를 나타냈다.

이제 공급 부족이 예상되던 중동에서 긴 전쟁이 없을 것이라는 사실을 알게 되었다. 또 많은 유전들이 불타 원유 가격이 폭등하는 일도 없을 것이다. 그 반대로 얼마 전까지 부족할 것 같이 보이던 원유가 공급 과잉으로 반전될 것으로 보인다. 따라서 세계 전역의 경제를 위축시킬 수도 있었던 부정적인 요인 하나가 사라지게 되었다.

그렇다면 이것이 세계경제의 기관차인 미국경제가 2003~2004년 강력한 성장세를 보여 유럽과 환태평양 지역의 강력한 경제성장을 자극할 수 있을 것인가? 꼭 그렇지만은 않을 것이다. 2001년 미국의 경기후퇴를 초래한 것은 1995~1999년 월스트리트에서 형성된 엄청난 투기거품의 폭발이었다는 사실을 상기할 필요가 있다. 그야말로 '거대한 거품'이었다.

지난 수세기의 경제사에서 우리가 배워야 할 중요한 교훈이 하나 있다. 바로 커다란 상승 거품 다음에는 평균 수준을 넘는 하강 거품이 뒤따르는 경향이 있다는 것이다. 그 결과 이윤 증대는 손실과 성장 둔화로 대체된다. 경제적인 측면에서 의미가 전혀 없는 것으로 판명된 어리석은 투기적 투자로 지나친 과잉자본이 형성되면 더 이상의 신규 투자 의욕이 꺾이게 마련이다. 또 돈을 빌려주는 금융기관이나 돈을 빌려쓰는 기업 모두가 위험을 극히 꺼리게 된다.

이는 대학에서 경제학 강의를 듣지 않아도 알 수 있다. 1990년 전후에 일본이 어땠는지 살펴보기만 하면 된다. 선두 주자인 미국을 따라잡고 추월하려고 경쟁할 만큼 막강했던 경제 강국 일본은 12년이 넘도록 손발이 마비되고 겁먹은 입원 환자 신세로 전락했다.

경제학은 정확한 학문이 될 수 없기에 미국이 W자형 경기침체에 빠질 것인지 여부를 예측할 수 없다. 다만 미국의 경기침체가 심각해지면 독일, 프랑스, 이탈리아 등 무기력한 유럽연합(EU) 회원국들의 경기도 어김없이 침체에 빠질 것이라는 점은 확실하다. 한국처럼 아직까지는 경제성장 속도가 빠른 개발도상국은 이로 인해 연간 성장률이 5% 이상에서 3~4%대로 하락할 가능성이 있다.

중국과 인도 등을 포함해 경이적인 경제성장을 이룩하고 있는 대부분의 아시아 국가들은 아직도 수출주도형 성장에 의존하고 있다. 한국 지도자들에게 선견지명이 있다면 응당 앞으로는 국내 기반의 성장촉진정책에 지속적으로 집중해야 하는 이유가 여기에 있다.

미국정부와 연방준비제도이사회, 경제학계의 노련한 경제예측가들은 금년 하반기 미국의 경제성장률이 1%보다는 3%가 될 가능성이 높은 것으로 내다보고 있다. 만약 내가 내 돈을 투자해야 할 입장이라면 이러한 예측에 동의할 것이다. 그러나 현재로서는 정상적인 경기순환 패턴을 그대로 신빙하기가 주저되는데, 거기에는 특별한 경제학적 이유가 두 가지 있다.

첫 번째 이유는 미국의 고용시장 전망과 관련이 있다. 현대 기업들의 지배 관리는 무자비한 방식으로 바뀌었다. 오늘날 기술 생산의 향상은 전보다 소수의 인력에게 다수가 하던 업무를 시키는 형태를 띠고 있다. 정리 해고율이 비정상적으로 높고 실업률이 올라가고 있는 이유도 이 때문이다.

두 번째 이유는 기업 수익의 증대 추세 둔화와 연관이 있다. 미국 증권시장은 기업 수익 상승 반전을 고대하고 있다. 그러나 조만간 미국 경기가 회복되더라도 기업 수익은 실망스러운 결과를 나타낼 가능성이 있다. 물론 이는 증권시장 회복이나 경기회복에 따른 공장, 설비, 재고를 위한 신규 투자에 좋을 것이 없다. 증권시장이 좋지 않으면 결국 실물 시장의 소비성향이 침체되고 이로 인해 전체적인 실질 국내총생산(GDP) 성장도 둔화될 것이다.

유감스럽게도 부시 대통령의 백악관에는 앨런 그린스펀 의장의 연방준비제도이사회처럼 현명한 전문가 팀이 없다. 이건 어디까지나 추측이긴 하지만, 이라크전쟁이 끝나면 미국 유권자들이 승리에 들뜬 부시 대통령 진영을 정신차리게 할 가능성도 있다.

공화당이 지배적인 부시 대통령 내각의 우파 세력은 한 가지 잘못된 목표에 병적으로 집착하고 있다. 바로 기성 부유층에 선별적으로 대대적 감세 혜택을 주려는 것이다. 이것은 그릇된 경제 논리다.

길고 깊은 경기하강이지 불황은 아니다?
A Longish and Deep Slump But Maybe No Depression?

2008년, 미국을 포함한 세계 여러 국가가 일본과 같은 장기 불황의 늪으로 빠져들 가능성이 점쳐지고 있었다. 경제를 수학처럼 정확히 예측하는 것은 불가능하지만, 미국의 부동산과 주택가격 거품이 터진 결과로 엄청난 신용 손실이 발생하고 수많은 파산과 저당물의 반환권 상실 등의 문제가 남아 있어, 경기침체가 2009년까지도 지속될 수 있는 상황이었다. 이런 비관적인 전망을 할 수밖에 없는 이유와 일본과 같은 장기 불황을 피하기 위해 세계 각국은 어떠한 고심을 해야 하는지에 대해 들어본다.

_ybm english 2008년 5월호 게재

경·제·상·식

1 부동산 담보부 채무 증권_ Mortgage Backed Securities
부동산을 담보로 장기주택자금을 대출해주기 위해 발행하는 채무 증권

2 헤지 펀드_ hedge fund
금융파생상품, 주식, 채권, 외환 등 국제시장에 공격적으로 투자해 높은 운용 이익을 노리는 민간 투자 기금. 팔고 사는 금액을 동일하게 해 시장 변동에 다른 거래 손실의 책임을 피할 수 있기 때문에 헤지(hedge; 손실 방지 수단) 펀드라고 불린다.

제 4 장 _ 미국경제의 진로

지금의 경제상황을 지배하는 한 가지 큰 의문은 도대체 미국에 이어 세계가 1990~2008년의 일본처럼 장기 경제침체에 빠져들 가능성이 있느냐는 것이다. 일류대학, 중앙은행 또는 주요 컨설팅 회사의 정통한 경제 전문가들도 이 의문에는 그렇다 또는 아니다라고 확실한 대답을 하기가 어렵다. (경제학은 행성과 혜성의 궤도를 기록하는 천문학자들처럼 고도로 정밀하게 예측하는 것이 절대로 불가능하다.) 현재의 상황에서 필자가 줄 수 있는 가장 도움이 될만한 답변은 대략 다음과 같다.

세계는 지금 부동산과 주택가격 거품 붕괴의 여파로 헤아릴 수 없이 엄청난 신용 손실을 입어 꼼짝하지 못하고 있다. 따라서 세계의 거시 경제적 경기하강이 2008년 한 해로 그친다면 천만다행일 것이다. 그러나 수많은 파산과 담보물 공매처분이 수그러들려면 2009년까지 가야 할지도 모른다. 그 전에 세계 증권시장이 회복된다 해도 실물경제 쪽은 생산 감소, 실업, 자산 손실로 2010년까지도 비틀거릴 수 있다.

비록 절망적이지는 않지만 왜 이처럼 비관적으로 전망하는 걸까? 주요 이유를 살펴보자.

1. 주택, 분양 아파트·빌라, 사무용 건물, 공장은 모두 내구재로 건설과 개축에 오랜 시간이 걸린다. 역사적으로 볼 때 내구재는 경기순환주기 변동을 연장하는 경향이 있다. 악성 '부동산 담보부 채무 증권'과 불투명한 자산-부채 결합 금융상품이 존재하지 않았던 시절에도 예외는 아니었다.

1987년 10월 증권시장 대폭락 이후 주식투자자들은 순식간에 자산을 25~50%나 잃었다. 하룻밤 사이에 가난뱅이 신세가 된 것이다. 그에 비해 주택의 경우 헐값, 예를 들어 가격거품이 최고조에 달했을 때에 비해 35% 떨어진 값으로도 팔리지 않을 땐, 손해를 볼 줄 알면서도 처분을 미루려는 게 인간의 본성이다. 이것 또한 불경기를 더욱 오래 끌게 만든다.

　2. 일본은 최악의 본보기이다. 일본의 기업경영자들은 생산주문이 끊어지면 조업을 중단하고 아무런 손도 쓰지 않는다. 대기업들은 정리 해고를 거의 하지 않았다. 지금 서유럽이나 북미는 이와 상황이 전혀 다르다. 제너럴 모터스와 포드는 이미 노동력을 대폭 줄이고 있다. 이로 인해 단기적인 불황은 깊어지지만 경기회복을 앞당기는 데는 도움이 된다. 한국경제에 관해서는 필자가 전문가가 아니라서 한국이 핀란드나 아일랜드처럼 유연성 있게 적극적인 대응에 나설 것인지, 아니면 이웃 일본처럼 더딘 적응력을 보일 것인지 여부를 감히 예측하기가 어렵다.

　3. 마지막으로 오늘날의 글로벌 혼합경제에 가장 중요한 제도적·정치적 변화가 나타나고 있음을 지적하고자 한다. 1929~1939년의 세계 대공황이 그토록 깊고 오래 갔던 이유는 당시 보수적인 국가원수들이 강력하고 지속적인 적자 공공 지출과 중앙은행의 여신 확대 정책의 시행을 완강히 거부했기 때문이었다.

　지난 몇 달 동안 신문의 경제면을 지켜본 사람이라면 먼저 유럽 중앙은행이, 그 다음에 미국 연방준비제도이사회가 영국 중앙은행과 손잡고 무절제한 투자은행들과 헤지 펀드들이 스스로 빠져 들어간 금융 혼란을 해결하도록 지원에 나섰다는 사실을 알 것이다.

세계의 최고경영자들은 사내의 금융공학 전문가들이 회사의 순자산을 최고 50%까지 손실을 내고 있던 상황에서 고통스럽지만 정신을 차렸다. 밀턴 프리드먼은 물론, 프리드리히 하이에크 같은 오스트리아 자유주의 경제학자들도 규제를 받지 않는 자본주의자들이 이와 같은 엄청난 혼란에 빠져들 수 있다는 것은 꿈에도 생각지 못했을 것이다.

앞으로 닥칠 경기침체를 단축시킬 수 있는 것이 있다면, 바로 조지 부시 대통령의 보수적인 공화당 정책의 인기 하락이다. 유권자들은 정부가 거시경제의 역풍에 강력히 대항하도록 만들 것이다.

경기회복 속도 느릴 수 있다
Danger of a Slow Recovery?

현재의 심각한 경기침체가 적어도 2009년 하반기부터는 나아질 것이라 예측하는 전문가들이 많지만, 이런 추측은 성급한 것이다. 오바마 대통령이 야심 찬 각종 경기부양책을 약속하고는 있지만, 경기침체가 너무 심각해 이 위기를 단시간에 해결할 수는 없다는 것이다. 1929년의 세계 대공황 같은 위기를 피하려면 신임 오바마 정부가 어떤 대응책을 취해야 할까?

_ybm english 2009년 2월호 게재

경·제·상·식

1 미국 재무부 단기채권_ U.S. treasury bill(TB)
미국 연방정부의 재정적자보전을 위해 미 재무부 명의로 일반대중에게 발행된 양도가 가능한 국채로, 1년 이하 만기 채권

2 프리드먼–슈워츠 통화론_ Friedman-Schwartz treatise on money
두 사람의 공저 〈미국 화폐사(A Monetary History of the US)〉를 말함

제 4 장 _ 미국경제의 진로

오바마 미 대통령이 내놓은 미국 경제회복 프로그램이 얼마나 빨리 효과적으로 실행될 수 있을까? 이는 커다란 의문이다. 빠른 회복을 위한 응급대책이 취해지리라 낙관하는 너무나 비현실적인 기대가 팽배해 있는 것 같다. 물론 오바마가 국민을 격려하면서 이끌어 나갈 수 있는 역동적인 대통령 후보라는 사실을 스스로 보여준 것은 사실이다.

그가 최고의 경제정책팀을 구성했다는 것 또한 사실이다. 이 팀은 현명한 중도적 장기 목표들을 확실히 밝혔다. 노후한 도로망 재건에 도움이 되는 새 일자리 창출, 환경과 에너지 시스템의 근본적 개선에 필요한 인력과 자금 공급 등이며 이밖에도 많다.

그러나 장기 계획은 서서히 시작해야 한다. 오바마의 임기 초에 대체 에너지원 개발에 필요한 수백만 개의 일자리를 정상적으로는 결코 만들 수 없다.

결국 장·단기 경기부양계획 모두가 시급하다는 얘기가 된다. 1930년대 세계 대공황 초기에 후버 대통령이 저지른 치명적인 잘못은 1929년 10월 증권시장이 붕괴된 날부터 1932년 대통령 선거 때까지 손을 놓고 있었다는 것이다.

그 결과 1930년 미국의 가벼운 경기침체가 대공황이라는 암으로 번지고 말았다. 오바마는 이런 실수를 피해야 한다. 정부는 다방면에 걸쳐 지출 계획을 세우고 소비자와 기업, 투자자들의 주머니에 당장 돈이 들어가도록 해야 할 것이다.

하지만 유감스럽게도 대부분의 경제 예측가들은 경기회복이 금년 하반기부터는 시작될 것으로 보고 있다. 가벼운 경기침체라면 그런 추측이 가능했을 것이다.

그러나 8년간 공화당 행정부가 거시경제를 잘못 관리해 왔기 때문에 오바마 행정부와 실물경제는 비정상적인 시대를 물려받았다. 위험이 우려되는 시기엔 으레 금리가 지나치리만큼 빡빡하기 마련이다. 이 때문에 정통적인 중앙은행이 힘을 못 쓰고 있다.

고(故) 밀턴 프리드먼은 연방준비제도이사회가 1930~1931년의 경기하강을 간단히 종결시킬 수도 있었을 것으로 생각했다. 그건 완전히 잘못된 생각이었다. 그럼에도 오늘날 60세 이하 거시경제학자들은 대부분 프리드먼의 이런 주장에 세뇌되어 왔다. 앨런 그린스펀은 좀 더 현명했어야 했다. 심지어 벤 버냉키 연방준비제도이사회 의장조차도 과거 MIT(매사추세츠 공과대학)에 다닐 때 쓴 대공황에 관한 박사 학위 논문에서 1930년대 중앙은행의 힘을 사실상 무력화했던 '유동성 함정(liquidity trap)'의 위험성을 거의 강조하지 않았다.

물론 경기침체 땐 고금리의 인하가 도움이 될 수는 있다. 루스벨트 대통령이 뉴딜 정책 시행 첫 몇 달 사이에 깨닫게 된 사실이 있다. 은행 전면 폐쇄를 거쳐 정부 보증으로 다시 영업이 허용된 '우량은행'은 알고 보니 위험은 있지만 '생산적인' 기업에 대한 대출보다는 거의 제로 금리의 재무부 단기채권에 투자했기 때문에 우량은행이 되었다는 사실이었다. 당시에는 모든 기업들이 위험해 보였고 실제로 대부분이 위험한 상태였다.

제 4 장 _ 미국경제의 진로

그건 옛날 얘기인가? 전혀 그렇지 않다. 현재 은행과 보험회사, 벤처 자본가들의 눈에는 모든 게 너무도 위험하게만 보이고 있다. 빙하는 서서히 녹는다. 마찬가지로 소비자와 투자를 위해 차입하는 사람들의 신용도가 회복되려면 여러 해가 걸릴 수 있다. 프리드먼과 슈워츠 공저의 두툼한 통화 관련 저서 프리드먼-슈워츠 통화론에는 실제적인 '유동성 함정'을 강조하는 글을 찾아볼 수 없다. 대신 당시의 거시경제학자들은 '돈이 문제다', '오로지 돈만이 중요하다'라는 프리드먼의 연설을 곧이곧대로 받아들였다.

따라서 오바마 행정부의 경제회복 프로그램을 지지하는 의회 의원들은 민주당이든 공화당이든 무소속이든 1980년대 로널드 레이건 정부가 내세웠던 교훈을 잊어버려야 할 것이다. 문제는 정부가 아니다. 기업시스템 최악의 적은 바로 규제가 없는 민간시장이다.

세계적 악성실업 오래간다
Warning: Bad and Lasting Unemployment Ahead Globally

기업 줄도산 사태가 이어지고 2009년 들어 미국의 실업률이 7%를 넘어섰다. 오바마 정부가 갖가지 경기부양책을 실시해 경기회복에 나서고 있지만, 이렇다 할 성과는 보이지 않는 상황이었다. 2009년 하반기쯤이면 경기가 회복될 것으로 내다보는 전문가들이 많지만, 이는 잘못된 전망이다. 비정통적 재정정책인 적자 예산지출만이 세계경제를 회복시킬 수 있다.

_ybm english 2009년 3월호 게재

경·제·상·식

세수입(稅收入)
국민에게 조세를 징수하여 얻는 정부의 수입

제 4 장_ 미국경제의 진로

부시 대통령은 미국의 금융경제와 실물경제 모두를 무너뜨려 놓았다. 그가 이끈 공화당 정부의 금융과 기업에 대한 무분별한 규제 완화는 해외에까지 영향을 미쳤다. 경제에 타격을 입지 않은 나라가 없었다.

제발 인기가 높은 오바마 신임 대통령과 그가 임명한 훌륭한 경제팀이 신속한 조치를 취해 곳곳에서 수렁에 빠지고 있는 실물경제를 구제하기를 바란다. 우리에게 필요한 '온건하면서 합리적인 규제를 받는' 금융시스템의 복원을 바란다는 점과 적극적 조치가 취해지고 있는 점은 박수갈채를 보낼 만하다.

게다가 매일같이 참담한 시장 붕괴 뉴스가 새로 전해지고 있고, 완고한 보수파 반대 세력이 정부의 구제금융정책을 좌절시키고자 온갖 노력을 다하고 있다는 소식도 들린다.

나는 1929~1939년의 세계 대공황과 맞먹을 정도로 지독한 금융 붕괴가 다가오리라는 것을 일찌감치 예견했던 경제학자 중 한 명이다. 2009년 하반기쯤이면 미국과 세계경제가 회복되기 시작할 것이라는 안이한 통계학자들의 일치된 견해에 코웃음을 쳤다.

아무 근거도 없이 그런 희망적인 관측이 나온 것은 부분적으로는 월스트리트가 무너지고 있는 동안 실업률이 처음엔 폭발적으로 증가하지 않았고, 실질총생산 또한 마이너스 성장으로 돌아서지 않고 유지되던 기현상 때문이었다. 기묘하게도 달러 환율이 곤두박질치기는 커녕 오히려 상승했는데, 이는 놀란 투자자들이 미국이 '안전한 피난처'가 되리라고 생각했기 때문이다.

이 글을 쓰고 있는 지금도, 도처에서 실업의 비명 소리가 들리고 있다. 소매점, 도매점 할 것 없이 파산이 급증하고 있다. 또 통계자료를 보면 이 같은 사태가 앞으로 닥쳐와 한동안 계속될 태풍의 시작에 불과하다는 것을 경고하고 있다.

현실적으로 봐도 그렇고 1930년의 세계 대공황을 통한 경험으로 보아도 2009년에서 2011년까지는 불경기가 계속될 것으로 보인다. 1933년 3월까지 영국 중앙은행이나 미국 연방준비은행 등 각국 중앙은행들이 취한 정통적인 조치는 힘을 쓰지 못했다. 이번에도 '안전선'인 제로에 가까운 금리인하 조치가 세계적으로 단행되고 있다. 그러나 이러한 '유동성 함정'은 대부분의 사람들이 돈을 쓰지 않고 쌓아두게 만들 것이다.

교훈은 이렇다. 만약 필자의 말이 틀리지 않다면, 한국의 부자와 가난한 사람 모두 위험한 투자로 모험을 하지는 않을 것이다. 지금은 '돛을 내리고', 위험한 사업이라면 어떤 것에도 돈을 쓰거나 투자하지 말아야 할 때다.

한국정부가, 아니 한국정부만이 할 수 있는 일은 신용을 창출하고 새로운 세수입(稅收入)으로 뒷받침되지 않는 자금 지출을 마련하는 것이다. 이러한 불가피한 비정통적 재정지출 수단을 쓸 수밖에 없을 때 전통적 경제학자들은 항의할 것이지만 그게 유일한 해결책이라면 그런 항의는 무시하라.

또 이런 형태의 구출 작전은 한국에 얼마간의 물가 인플레이션을 유발할 수 있다. 이와 함께 한국의 원화가 얼마간 평가절하될 수 있다. (이는 고용률을 조금 높이는 데 도움이 될 수 있다.)

필자가 한국에 하는 조언은 아시아와 유럽 또는 북미와 남미 모든 나라의 경제에도 최선의 충고가 될 것이다. 한국이 왜 MIT(매사추세츠 공과대학) 새뮤얼슨 교수가 주창한 인기 없는 비정통적 정책들 중 상당수를 채택해야 하는가? 그것은 1933~1939년 중앙은행 프로그램으로는 구제가 불가능했던 40여 개국의 경제가 필자가 제시한 비정통적 적자 예산지출 정책으로 1939년까지 대부분 살아났기 때문이다.

오늘날 50대에 들어선 거시경제 전문가들 대부분은 통화주의 경제학자 고(故) 밀턴 프리드먼이 부추겼던 잘못된 견해에서 벗어날 수 없을 것이다. 참으로 유감이다. 그의 영향력은 너무나 막강했지만 유감스럽게도 극심한 침체에 빠진 경제를 되살리는 데는 해로운 것도 사실이었다. 이제 그 잘못을 바로잡자.

Politicians like to tell people what they want to
hear – and what they want to hear is what won't happen.
정치인들은 대중이 듣고 싶어 하는 말을 즐겨 한다. 그러나 대중이 듣고 싶어 하는 것은 실현되지 않는다.
—폴 새뮤얼슨

제5장

아시아경제 신조류

동아시아의 번영, 국가 간 화해가 먼저　158
중국 위앤화 평가절상이 왜 이로운가?　162
중국과 미국: 미래의 경쟁자인가, 동반자인가?　166
아시아 경제기류 어디로 흐르는가?　170

동아시아의 번영, 국가 간 화해가 먼저
Reconciliation among East Asian Nations Leads Prosperity

세계는 경제적으로 결속하고 있었다. 북미는 북미자유협정(NAFTA)을 맺었고 유럽은 관세동맹인 유럽연합(EU)으로 결속했다. 그러나 동아시아는 이런 움직임에서 소외되고 있었다. 동아시아 국가들 간에 아직도 대립이 존재하기 때문이었다. 그러나 이 대립관계는 장차 소멸되고 아시아는 상호 번영을 위해 결속할 것이다.

_English Netzine 2000년 10월호 게재

경·제·상·식

1 유럽공동시장_ Common Market
유럽경제공동체(European Economic Community)의 별칭; 1958년 발족

2 유럽경제통화동맹_ European Monetary Union
유럽연합(EU)의 통화 통합. 유럽 중앙은행을 창설하여 최종적으로는 각국 통화의 환율을 고정화하여 통일통화를 발행하는 것을 목표로 하고 있다.

3 대동아공영권_ Greater Prosperity Zone
일본이 아시아 식민지를 대상으로 구상한 개념

북미에서는 미국, 캐나다, 멕시코가 손을 잡고 관세동맹인 북미 자유무역협정(NAFTA)을 맺었다. 이로 인해 이 광대한 지역 내에서는 관세와 수입쿼터가 거의 없는 자유무역이 가능하게 되었다.

유럽공동시장(Common Market)인 유럽연합(EU)은 서부유럽과 중부유럽 대부분의 국가들로 이루어진 관세동맹으로서 원칙적으로 상품과 용역의 자유무역을 목표로 하고 있다. 더욱이 마스트리히트에서 설립된 유럽경제통화동맹(EMU)은 11~15개 EU 회원국을 위한 단일 유럽 중앙은행(ECB; 프랑크푸르트 소재)과 단일 통화인 유로 체제를 목표로 하고 있다는 점에서 NAFTA보다 앞서 가고 있다.

발전은 모방을 유발하게 마련이다. 여러 중남미 국가들은 브라질, 아르헨티나, 베네수엘라, 콜롬비아, 페루, 칠레를 통합하는 자유무역 관세동맹을 만들 수 없을까하고 생각하고 있다.

지난 반세기 동안 세계 총 생산량 중 상당 부분을 점유하게 된 동아시아는 어떤가? 동아시아는 어째서 달라야 하는가? 왜 소외되고 있는 것인가?

이제는 일본, 한국, 대만, 싱가포르, 그리고 아마도 인도네시아, 말레이지아, 필리핀, 태국을 통합하고 장차 중국, 인도, 파키스탄까지도 포용하는 아시아 단일 통화 단위를 만들 때가 되지 않았는가?

나는 전문적인 '미래학자' 는 아니지만 이에 대해서는 의문과 경계를 표하지 않을 수 없다. 서양인의 잠재의식에 내재되어 있는 속물근성적 편협함이나 유색인종이 경쟁자로 등장하는 데 대한 반발심리에서 나온 것은 절대 아니다. 유럽 단일 통화인 유로를 만든다는 얘기가 처음 나왔을 때 나는 유로화 탄생에 비판적인 글을 쓴 세계의 전문가들 중 한 사람이었다. 유로화의 출범이 EMU 회원국들 사이에서 성공하더라도 미국이 절대 손해볼 것은 없다는 판단을 내렸기 때문이다.

유럽 단일 통화와 단일 중앙은행은 모든 사람의 발을 한 가지 신발에 맞추는 것으로, 모양이 서로 다른 유럽국가들의 경제에 심각한 문제를 일으키리라고 필자는 냉소적인 판단을 내렸었다. 그 판단이 옳았다는 것은 그후 1999~2000년 사이에 나타난 상황들이 확인해 주었다.

편협한 경제의 메커니즘을 떠나 심리적인 현실로 깊이 들어가 보자. 과거 일본의 거품경제가 최고의 경제성장이라는 환상을 만들어내고 있을 때 일본정부와 재계 지도자들은 만장일치로 사안을 결정하는 새로운 일본식 경영방식의 우월성을 자랑하기 시작했다. 일본식 경영방식이란 내일의 주식시세와 주주들의 이익에 연연해 하지 않는 것, 수익성이나 재정적 지불능력을 아무리 희생시키더라도 장기적인 시장점유율에만 신경을 쓰는 것, 그리고 집중적인 투자를 말한다. 중대한 실수가 장기간 지속된 것은 집중적인 투자 때문이다. 1990년 일본의 부동산과 주식 가격의 거품이 터지면서 GDP 성장 침체와 파산 정리가 10년 동안 꼬박 계속되자 이러한 얘기들은 허공 속으로 자취를 감추었다.

이 모든 일들이 상기시켜 주는 것은 동아시아 국가들 간에는 아직도 다양성과 대립이 존재한다는 사실이다. 이들은 서로에게보다는 서방에 더 많이 수출하고 있다. 일본이 1945년 이전에 제국주의적인 발상에서 '대동아공영권(大東亞共榮圈)'을 창설하겠다면서 정복했던 중국과 기타 지역들은 아직까지 일본과 화해 공존을 이루지 못하고 있다. 나치의 과거 잘못을 인정했던 독일과는 달리 일본 국민들과 정치인들은 일본이 한국과 중국 만주에서 저지른 만행을 깨끗이 시인하지 않고 있다.

이 모든 대립관계는 시간이 지나면서 호전될 것이다. 나중에는 일본과 중국 그리고 아마 인도까지 나서서 아시아 국가 상호 간의 번영을 위한 진정한 결속을 다지게 될 수도 있을 것이다. 한국민 속에 깃든 쓰라린 과거의 기억도 점차 사라질 것이다. 그리고 언젠가는 필자도 '대아시아자유무역지대' 또는 아시아 단일 통화에 동조하는 사실적인 글을 쓸 수 있게 될 것이다. 그러나 지금은 지금으로서 신중한 태도를 취하는 것이 마땅하다.

중국 위앤화 평가절상이 왜 이로운가?
Why Modest Appreciation of China's Yuan Might Be a Net Benefit?

세계경제가 인플레 없는 완전고용을 달성하고 있지 못한 상황에서 중국과 인도는 세계에 확실한 플러스 요인이 되지 못하고 있었다. 따라서 중국 위앤화가 미국 달러화의 하락에 따라 자동으로 평가절하된다면 중국은 세계 다른 나라들에 무조건적인 혜택이 되지 못한다. 중국은 '근린 궁핍화 정책'을 추구하는 나라로 간주되어서는 안 된다. 중국은 다른 나라들을 이끌고 가는 견인차가 되어야 할 것이다.

_**English Netzine** 2003년 9월호 게재

경·제·상·식

근린 궁핍화 정책_ beggar-my-neighbor policy
타국을 희생시켜 경제적 이득을 얻으려는 정책. 보호무역주의 정책

제 5 장_ 아시아경제 신조류

인구가 엄청나게 많은 중국은 세계경제에 큰 영향력을 미치는 중요한 국가가 되었다. 1960~1990년 기간 중에 일본과 한국의 발전 원동력이 되었던 수출주도에 의한 급속한 경제발전 패턴이 이제 중국에서 재현되고 있다.

만약 세계경제가 지금 인플레이션 없는 건실한 완전고용을 구가하고 있다면 중국과 새로이 발전 중인 인도가 나머지 세계에 확실한 플러스 요인으로 작용할 것이다. 그러나 2003년 중반을 지나고 있는 지금 세계는 전체적으로 넉넉한 취업의 기회를 누리지 못하고 있다.

따라서 중국 위앤화가 미국 달러화의 하락에 따라 자동적으로 평가절하된다면 세계 다른 나라들이 중국경제의 급성장으로 무조건 혜택을 입게 되리라는 생각은 수정해야 한다.

과거 1930년대의 대공황 때 자국의 통화를 사정없이 평가절하했던 공격적인 국가는 타국을 희생시켜 경제적 이득을 얻는 '근린 궁핍화 정책'을 추구하는 나라로 간주되었다. 똑같은 비판이 중국에 가해지기 시작하고 있다. 중국이라는 견인차가 세계 다른 국가들을 앞으로 끌고 가기는커녕 세계 다른 나라들을 가로막는 역풍이 되고 있다는 것이다.

위앤화의 평가절하가 미국의 일부 주장대로 클린턴 행정부가 '강한 달러' 정책을 새삼 포기한 것보다 더 나쁜 이유는 무엇인가? 첫째, 달러화가 새로 나온 유로화에 대해 강세를 보였던 이유는 미국정부가 '강한 달러' 전략을 추구했기 때문이 아니라는 것이다. 1995년에서 2000년 사이에 뉴욕 증권시장에 나타난 거품 낀 강세장이 투자자금을 달러화로 끌어들였기 때문이다.

따라서 최근 달러화 약세의 이유는 부시 대통령의 백악관 팀 입장에서 보면 책략적인 교활함에서 나온 것이 아니다. 거품경제가 꺼진 후 2001~2003년에 미국의 기업활동이 위축된 것이 최근 달러 약세의 보다 근본적인 이유인 것이다.

그린스펀 미 연방준비제도이사회 의장과 공화당 경제전문가들이 공언하는 만큼 미국의 경제가 강한 회복세를 보이면 (그리고 그렇게 된다면) 민간부문의 수요와 공급 압력에 따라 달러화가 상승할 것이다. 그렇게 되었을 때도 중국 관료들이 달러화에 고정된 그들의 환율제도에 만족할지는 의문이다.

중국 자체가 별난 정치집단이다. 중국의 민간시장체제에 대한 의존도가 높아가고 있는 것은 사실이다. 그러나 그와 동시에 중국은 거시경제에 대한 정부의 엄격한 통제를 그대로 유지하고 있다. 정상적인 국제 투자가들과 공격적인 투기꾼 같은 자유시장 세력들은 달러화, 유로화 또는 한국의 원화에 대한 위앤화의 환율을 좌지우지하지 않는다.

한국, 그리고 미국도 다소 중국과는 입장이 다르다. 최근 원화가 위앤화와 달러화에 대해 강세를 보이자 한국정부 지도자들은 이에 실망하고 있다. 그러나 그들이 이런 상황을 타개하기 위해 할 수 있는 일은 많지 않다. 당장은 외국자금이 호의를 가지고 한국으로 유입되는 한 원화 가치가 상승할 것이다. 비록 그것이 한국 제조업 수출 분야의 취업 기회에 악영향을 끼치더라도 말이다.

한국은 일본이 1980년대 이후에 배워야 했던 뼈아픈 교훈을 이제 배우기 시작하고 있다. 그 교훈이란 한 국가가 일단 상당한 수준의 발전을 이루는 데 성공하고 나면 스스로의 이익을 위해 수출주도 정책에 대한 의존도를 줄여야만 한다는 점이다.

개발 초기 단계에서 용인될 수 있었던 정경유착은 후기 단계에 가면 걱정거리가 되어 가차없이 뜯어 고쳐야만 한다.

일본이 걱정하는 디플레이션과 '유동성 함정'이 세계 도처에서 상당히 중요한 문제로 대두되고 있다. 이를 한국도 겪게 된다면 국내 통화공급을 확대하고 또 재정 적자지출을 꾀하는 것이 올바른 거시경제 정책이 될 것이다.

그러한 정책은 디플레이션보다는 어느 정도 인플레이션을 조장하지 않을까? 그럴 것이다. 그것이 그 정책의 목적이니까. 그러한 정책은 원화의 평가절하를 초래할 것인가? 그렇다. 정확하게 말하면, 한국은 지금 미국처럼 자국의 이익을 위해 자국통화 가치가 다소 떨어져 주기를 바라고 있는 상황인 것이다.

변화하는 중국은 세계무역기구(WTO) 가입을 신청했고 마침내 가입이 허용되었다. 그렇다고 해서 관료주의와 민간시장체제가 뒤섞인 일당 국가가 현 세계 대부분의 국가와 같은 사회로 전환된 것은 아니다. 미래의 중국은 지금처럼 이질적이고 특이한 모습은 아닐 것이다. 그러나 어떤 모습으로 변할지는 시간만이 말해 줄 수 있다.

중국과 미국:
미래의 경쟁자인가, 동반자인가?
China and America: Future Rivals or Co-partners?

중국은 러시아를 대신해 미국의 주요 경쟁국이 되었다. 2020년이나 2030년쯤 되면 중국경제가 총생산에서 미국과 대등한 수준에 이를 것이다. 미국인들은 이러한 현실이 주는 교훈을 배워야 한다. 미국은 중국에 대해 미국식 선례와 이데올로기를 따르라고 강요할 수 없다. 미·중 관계가 나빠진다면 중국은 막대한 달러화를 하루아침에 투매하여 미국 경제를 곤경에 빠뜨릴 수 있다. 어느 나라도 세계의 다른 나라들을 자기 뜻대로 좌지우지 할 수 없게 됐음을 미국은 교훈으로 삼아야 한다.

_ybm english 2006년 6월호 게재

경·제·상·식

1 냉전_ Cold War
제2차세계대전 후 미국 중심의 서방진영과 소련이 이끄는 동방진영 간의 격렬한 대립상태를 말하며 소련 붕괴와 함께 소멸되었다.

2 미국 재무부 장기채권_ U.S. treasury bond
미국정부가 발행하는 만기 5년 이상의 장기채권. 미국이 발행한 공채의 75%는 동북아시아 국가들이 보유하고 있다.

미국과 소련은 40년 동안 지속된 냉전시대의 양대 국가였다. 두 나라 모두 원자폭탄을 충분히 보유하고 있었기 때문에 서로간에 군사력의 균형을 이룰 수 있었다. 이러한 힘의 정치와는 대조적으로 경제적 측면에서 소련은 미국 실질총생산의 절반에도 미치지 못했다. 왜일까?

공산주의 관료적 경제규제는 태생적으로 수요·공급의 시장메커니즘에 비해 효율이 떨어진다. 중국 마오쩌둥과 쿠바 카스트로의 경제 실패 그리고 북한의 경제침체에서 똑같은 교훈을 확인하게 된다.

오늘날 중국은 러시아를 대신해 미국의 주요 경쟁국이 되었다. 이번에는 마오쩌둥의 후계자들이 수익추구의 경쟁에 크게 의존하고 있다. 의심의 여지없이 2020년이나 2030년쯤 되면 중국 경제가 총생산에서 미국과 대등한 수준에 이를 것이다. 그렇게 된다해도 여전히 10억이 넘는 중국 인구의 1인당 평균실질소득은 미국인들이 누리게 될 소득에 상당히 뒤질 것이다.

서방은 고작 연간 3~4% 성장할 때 중국(아마 인도 역시)이 연간 8~10% 성장한다는 점을 감안한다면 미래는 필자가 위에서 얘기한 대로 예측해 볼 수 있다.

사실 태평양 연안의 중국 인접국들은 2006년 중반 중국의 국내총생산을 정확히 계산해 보면 중국이 이미 일본을 밀어내고 미국 다음으로 제2의 경제강국 자리를 차지했다는 사실을 깨닫지 못하고 있다. 중국 인구가 미국 인구의 4배가 넘는다는 점을 감안하면 어떠한 의구심도 풀린다. 널리 알려진 수수께끼가 있다. 문제는 "몸무게가 800파운드나 나가는 고릴라는 거실 어디에 앉을까?" 정답은 "어디든 고릴라 마음대로!"이다.

자만에 찬 우리 미국인들은 이러한 현실이 주는 교훈을 배워야 한다. 옳건 그르건, 우리는 세계의 많은 나라들에게 미국의 선례와 이데올로기를 따르라고 요구할 수 있다. 부시 대통령의 백악관은 우리가 중국에 대해서도 그러한 명령권이 있는 것처럼 행동하고 있다. 부시 대통령은 잘못 생각하고 있는 것이다.

중국이 과거 하나의 성(省)에 지나지 않았던 대만을 점령한다 해도 미국이 전투기를 대거 동원해 이를 돌이킬 수는 없다. 중국이 위앤화의 대규모 평가절상을 거부해도 미국 연방준비제도이사회나 미국 재무부가 이를 강요할 수는 없다.

오래 전에 영국의 경제학자 케인스는 다음과 같은 금언으로 이러한 상황을 정리한 일이 있다. "은행에 1천 달러의 빚을 지면 내가 은행에 꼼짝 못하지만 은행에 10억 달러의 빚을 지면 은행이 나에게 꼼짝 못한다." 중국은 지금 무역흑자로 축적된 돈을 재투자해 금리가 낮은 미국 재무부 장기채권(U.S. treasury bond)을 빠른 속도로 사 모으고 있다. 미국이 지금까지 금융위기를 모면할 수 있었던 이유도 이 때문이다.

그러나 지금부터 2010년 사이에 중국과 미국의 정치관계가 나빠진다면 일당체제인 중국정부는 하루아침에 달러화를 투매할 수도 있다. 그렇게 되면 아무리 애국심 있는 미국인이라도 놀라서 달러화를 공매(空賣)하게 될 것이다. 이것이 주는 교훈은 무엇인가? 어느 나라도 세계의 다른 나라들을 자기 뜻대로 좌지우지 할 수 없다는 사실이다. 로마제국도 그러지 못했고, 대영제국의 전성기였던 빅토리아 여제 시대 역시 마찬가지였다. 역사가들은 로널드 레이건 대통령과 조지 부시 대통령이 잘못된 자부심, 다시 말해서 지나치게 오만을 보인 전형적인 실수를 저질렀다고 비판할 것이다. 최근 여론조사를 보면 이미 미국 유권자들은 중동과 미국 내에서 자행되고 있는 부시 대통령의 제국주의 정책에 분노하고 있다. 미국이 조화와 중용의 정책으로 되돌아가야 한다는 점을 유권자들이 분명히 주장해 주기를 바란다.

아시아 경제기류 어디로 흐르는가?
New Likely Asian Economic Trends

제2차세계대전 이후 아시아의 신흥개발국들은 저임금 노동력과 서구 기술의 도입으로 짧은 시간 내에 놀라운 경제성장을 이룩했다. 이를 뒤따라 최근 중국과 인도가 눈부신 속도로 성장하며 21세기 경제를 이끌 국가로 촉망받고 있다. 이 두 국가의 성장이 한국과 이웃 아시아경제에 어떤 영향을 끼치게 될 것인지 들어본다.

_ybm english 2007년 1월호 게재

경·제·상·식

1 페이비언사회주의_ Fabianism
1884년 영국 페이비언 협회가 주장한 점진적 사회주의로 혁명에 의하지 않고 의회주의를 통해 점진적 사회주의를 실현함으로써 자본주의의 결함을 극복하자는 것

2 조세지출예산제도_ tax-and-expenditure fiscal system
조세지출을 재정지출과 연계해 운용함으로써 재원배분의 효율성을 높이고 조세지출 내역을 공개함으로써 재정운용의 투명성을 보장해 주는 제도

제 5 장_ 아시아경제 신조류

제2차세계대전 후 일본과 홍콩은 다른 나라와 비교할 때 놀라울 만큼 기적적인 성장을 이룩했다. 이 두 나라의 공통된 성장패턴은 다른 6~7개 환태평양 국가들로 점차 번져나갔다. 저임금의 노동력이라도 쉽게 교육시킬 수만 있다면 미국과 서유럽 국가들이 개발한 서구의 기술을 도입할 수 있었다.

1945년 2차대전이 끝난 후, 1차대전 후에는 일어나지 않았던 일들이 일어났다. 노련한 경제학자들에겐 그리 놀라운 얘기가 아닐 것이다. 유럽에서는 독일이 영국을 따라잡았다. 미국 대륙에서는 남부가 북부로부터 섬유, 신발, 제지산업을 끌어들였다. 값싼 노동력에 모방의 기술이 덧붙여져 이러한 경향을 촉발했다. 농업에서는, 경작지가 풍부했던 서부가 1850년 이후 동부 해안지역의 농장들을 앞질렀다.

일본과 홍콩이 먼저 이루어낸 경제개발패턴을 곧 한국, 대만, 싱가포르가 그대로 모방했다. 이 국가들은 모두 저임금과 약삭빠른 기술 습득을 바탕으로 시작했다. 수출주도에 의한 성장이 이들의 공통된 패턴이었다. 서방은 환영하기라도 하듯 수입시장을 제공했다. 개발도상국들은 높은 저축률로 서방과의 거래에서 경상수지 흑자를 장기간 이끌어냈다.

다들 아는 얘기를 이토록 세세하게 늘어놓는 이유가 무엇일까? 단지 중국과 인도가 앞으로 세계에 어떤 영향을 미칠 것인지에 대해 이해를 돕기 위해서이다.

중국과 인도는 일본, 한국과는 달리 오랜 잠을 자고 있었다. 중국에서는 마오쩌둥의 공산주의자들이 군사적 승리를 거두었다. 이들은

171

스탈린의 소련과 마찬가지로 시장경제를 비효율적인 사회주의 관료체제로 바꾸었다.

인도가 반세기 넘게 오랜 잠에 빠져 있었던 것은 네루 총리 치하에서 지나치게 페이비언사회주의에 집착해 시장 경제를 외면했기 때문이다. 인도는 유럽과 미국의 좌익성향 경제 전문가들에게 자문을 받았고, 이들이 결국 인도의 경제침체를 장기화시켰다.

지금으로부터 2050년 사이에 펼쳐질 세계화 경제를 내다볼 때 우리가 과거로부터 얻을 수 있음직한 교훈은 무엇일까?

수정된 구매력 단위로 계산했을 때 실질 국내총생산에서 중국은 이미 일본을 제치고 세계 2위 자리에 올라섰다. 앞으로 10억 인구의 중국이 총생산에서 3억 남짓한 인구의 미국을 앞지를 날이 분명히 올 것이다.

지금 필자는 미국이 가난해질 것임을 예고하고 있는 것인가? 한국이나 일본 국민들이 장차 빈곤에 처할 것임을 예고하고 있는 것인가? 아니다, 그렇지 않다.

아시아에서 기적의 성장이 이루어진 1950~2006년 사이에 미국과 유럽연합(EU)의 1인당 국내총생산은 엄청나게 성장했다. 19세기의 순수자본주의 시대보다 성장속도가 빨랐다. 백분율로 따져보면 세계화가 신흥국가들에게 더 큰 도움을 주었지만 미국과 EU에게도 절대적으로 도움이 되었다. 과거의 이러한 사실들을 감안할 때 앞으로도 똑같은 일이 반복될 가능성이 클 것으로 필자는 예상한다.

중국과 인도는 서방보다는 아시아 이웃 나라들에 대해 더욱 강력한 경쟁자로 부상할 것이다.

한국과 그 비슷한 나라들은 결국 중국으로부터 값싸고 질 좋은 상품을 수입해 이익을 얻게 될 것이다. 그러나 한국의 중하층 계급과 미숙련 노동자들 대부분은 세계화로부터 한국이 얻게 될 혜택을 입지 못할 것이다.

한국의 강력한 노조들은 장차 세계화 때문에 힘이 약해질 것이다. 왜일까? 임금협상에서 노조가 이길 때마다 한국 기업들은 중국과 인도의 제휴기업들로의 아웃소싱을 가속화시킬 것이기 때문이다.

한국 민주주의의 과제는 조세지출예산제도를 통해 세계화로 이익을 본 사람들의 이익의 일부를 손해를 본 많은 사람들에게 돌려주는 것이다. 이는 유권자들이 결정해주어야만 가능한 일이다. 한마디로 말해 미국이나 한국이 강자로 떠오르는 중국과 인도로부터 '압도당하는' 일은 없을 것이다.

What we know about the global financial crisis is that we don't know very much.

세계 금융위기에 관해 우리가 아는 것이 있다면 잘 모른다는 것이다. —폴 새뮤얼슨

Father of Modern Economics
Paul A. Samuelson's
Last Lecture

CONTENTS

Last Column by Paul A. Samuelson · 178
"Au Revoir," Not "Good-bye"

Chapter 1   **Beyond the Financial Crisis**
        New Problems Need New Solutions · 182
        Dallar Dangers Down the Road? · 185
        Lessons for Today from the World Great Depression · 188
        Will America's Economic Leadership Last? · 191
        Future Troubles May Await South Korea and the Global System · 194
        Wishing for President Obama's Good Luck · 196
        Why a Return to Centrism is Needed · 199

Chapter 2   **Hard Facts about Korea**
        Globalization's Bounties and Its Discontents · 204
        A Special Korea-America Relationship? · 206
        No End in Sight for the Depreciating Dollar · 209
        New Global Economic Winds · 212
        The New Order in the Pacific and Elsewhere · 215
        High Prices and Current Hard Times · 218
        Why Government Must Regulate Environmental Reforms · 221
        Blueprint for North Korean Economic Reform · 224
        Paramount Importance of "Human Capital" · 227
        Korea Finds Its Own Best Economic Model · 232
        A U.S.-Korean Free Trade Pact Might Be a Win-win Story · 236
        Why the Effects of Low Birth Rates Will Be Delayed · 239

Chapter 3 **Lessons from the Asian Financial Crisis**
Korea in the Crucible Fire • 244
Perilous Times and Necessary Hard Decisions • 248
The Path toward Moderation • 253
Restructuring Korean Chaebols • 258
Eradicating Corruption for Healthy Capitalism • 261
Need for Korea to Avoid Japanese Mistakes • 264
The Political Economy of Corruption • 268
Korea's Most Important and Difficult Future Economic Decision • 272
The Promises and Challenges of Free Trade for Korea • 277

Chapter 4 **Keynes or Friedman?**
How Globalization Promotes Inequality and Mitigate It • 282
The Uncertain Post-Iraq Global Economy • 285
A Longish and Deep Slump But Maybe No Depression? • 288
Danger of a Slow Recovery? • 291
Warning: Bad and Lasting Unemployment Ahead Globally • 294

Chapter 5 **New Asian Economic Trends**
Reconciliation among East Asian Nations Leads Prosperity • 298
Why Modest Appreciation of China's Yuan Might Be a Net Benefit • 301
China and America: Future Rivals or Co-partners? • 305
New Likely Asian Economic Trends • 308

Samuelson Says • 311

MIT Memorial Speeches
Stanley Fischer • 313
Robert M. Solow • 321

"Au Revoir," Not "Good-bye"

Without ever having visited Seoul, I have known over a period of fifty years a great number of hard-working, clever South Koreans. MIT, Harvard and Berkeley universities now enroll hundreds of energetic Korean students. Some day there will be Nobel Prizes earned by such as those.

Korean limousine drivers thrive in New York City. The shiny apples I buy in Manhattan are provided by Koreans running efficient small businesses. Korean family husbands leave their wives and children at home then send them money earned from their working in the Middle East.

As an expert on Japan's miraculous post-1946 growth support, I have been alert to know how successfully South Korea has imitated the Japanese development policies. Two Korean autos already rival Toyota's best models.

Early on there were some bad signs in Korea: a military dictatorship, corrupt bureaucrats, and so forth. Still and all, the whole world recognizes that what once was an abused colony of pre-war Japan has become a member of the third or fourth most prosperous societies on the Pacific Rim.

Along with these good-side credits on Korea's society, now the current new resurgence by two billion Chinese and Indians is beginning to do to South Koreans and Japanese what those two countries earlier did to America and Western Europe peoples!

In the next twenty years post-Mao China will finally outstrip America in total real GDP growth and levels. Remember where

The Last Column by Paul A. Samuelson

you first heard this prediction! In saying good-bye as your magazine correspondent, I ought to offer you some good-bye advice.

First, stay cooperative but not servile with the U.S.-China global cooperation efforts. Remember that you might need their protection against some future North Korean atomic bombs.

South Korea's meld of Christianity and Confucianism gives her special advantage over Japan and the rest of the world. Good future behavior by South Korea's leaders and electorate is not hard to prescribe. A good society aims to behave like any good neighbor. A good neighbor tries not to cheat people. It tries to avoid over-selfish aggressions. Easy to say. Sometimes hard to persist in.

In this millennium one can predict for South Korea, as for Japan, America, Western Europe and China, a continued rise in per capita welfare. From the bottom of my heart I say, enjoy the boon of longer good-quality-of-life longevity. Thank scientific advance for it.

Finally, seek the "golden mean" of public and private Centrism. Better than Stalinism or Maoism, it alone can organize the globe's six-plus billion population. Learn how places like Denmark, Switzerland, Finland, Norway or Sweden have benefitted from their Middle Way. South Koreans can hope to enjoy their same benefits. Bon appetit!

Self-deception ultimately explains Japan's plight.
The Japanese have never accepted that change is in their
interest – and not merely a response to U.S. criticism.

일본이 고통을 겪고 있는 것은 결국 자기기만 때문이다. 일본은 변화가 미국의 비판에 따르는 것뿐
아니라 자기들에게 이익이 된다는 사실을 절대 받아들이지 않는다. —폴 새뮤얼슨

Chapter 1

Beyond the Financial Crisis

New Problems Need New Solutions 182
Dallar Dangers Down the Road? 185
Lessons for Today from the World Great Depression 188
Will America's Economic Leadership Last? 191
Future Troubles May Await South Korea and the Global System 194
Wishing for President Obama's Good Luck 196
Why a Return to Centrism is Needed 199

New Problems Need New Solutions

When the U.S. Federal Open Market Committee[1] meets in mid-December, they have to be equally fearful of a 2008 U.S. and global recession, hopeful that next year could be a moderate time of sustained real growth and of contained inflation.

Why this unusually high degree of uncertainty? If America's 2006-2007 burst real estate bubble were precisely like those of many past up-bubbles and down-bubbles in real estate, Federal Reserve experts and experts at the Bank of England and the new European Central Bank could have been more complacent.

Economic experience had taught us how to estimate the macro effects of a real estate collapse. Such an event would visit onto over optimistic mortgage borrowers increasing burdens of monthly mortgage payments. This would force families to spend less on consumption. Maybe that would subtract 1/2% to 1% from consumer spending and GDP growth.

Traditionally, too, a significant drop in home sale prices would discourage builders and their employees. So maybe add another 3/8% drop in GDP growth. Those two effects together would probably not be enough to plunge the U.S. and the globe into a 2008 recession.

1) U.S. Federal Open Market Committee 연방준비제도이사회 공개시장위원회

Chapter 1_ Beyond the Global Financial Crisis

However, apparently no one at the big banks or in the universities or in governmental bureaucracies ever expected that the housing bust would this time tie the whole banking and credit systems into knots.

What explains this new and malignant development? Speeches by Federal Reserve Chairman Ben Bernanke or by Governor Mervyn King provide few helpful answers to the question of how it came to happen that the biggest commercial and investment banks get mired down in almost lethal losses from rash loans to credit-unworthy home buyers. They almost seem like generals who knew only how to fight the last war.

Am I alone in putting the blame for present-day financial bankruptcies on the new inventions of "financial engineers?" These innovations breed gross transparencies — as in the case of securitized collateral packets[2] of good, bad and indifferent mortgages.

It is true, but hard to believe, that the biggest banks everywhere are suffering the biggest losses now. At the same time, small municipalities in Norway above the Arctic Circle have been infected with the U.S. germs of loss. If you read about such things in a fictional novel, you would not believe it. A global near-financial collapse traceable to obscure Wall Street innovations!

---

2) securitized collateral packets 여러 가지 담보자산을 묶어서 만든 유동화증권

When will the panic end? No one can even guess. Not Governor Ben Bernanke or U.S. Treasury Chief Henry Paulson (formerly head of the great Goldman-Sachs investment bank).

From my experience during the Great Depression[3] years ago, I remember that the New Deal Reconstruction Finance Corporation helped a lot when the Federal Reserve could help only a little.

Aside from lowering the Fed's interest rate, money should be pumped into the official governmental housing banks. Never mind that some of those moneys will incur losses. At historic times of universal panic, it is governmental agencies that must become the lenders of last resort.

There is no need to tolerate depressed global activity in the 2008-2010 period ahead. However, private markets left to themselves cannot be counted on to reattain financial stability and maintain sustainable real growth. I have to give the same messages to South Korea and Japan as I have to give to Washington and the EU macroeconomic agencies. _ybm english_ January, 2008

---

3) **Great Depression** 세계 대공황

Chapter 1_ Beyond the Global Financial Crisis

Dollar Dangers Down the Road?

Here are a few sample questions I have received recently.
1. The EU economies seem to be slowing down. Why and for how long?
2. Why does the U.S. dollar exchange rate chronically depreciate relative to the euro, the yen and the won?
3. Are these short-run ups and downs? Or do you think that maybe they are forecasting a long-run decline for the once mighty dollar?

Be warned that forecasters, at best, can only guess at probabilities. In economics, there can never be a certainty about the future. Some financial journalists mimic sports-page writers. If Taiwanese athletes won more gold medals than mainland China did, that will shift the odds toward the Taiwan growth rate outstripping that of post-Mao China.

Don't laugh. Some columnists attributed the recent appreciation of the euro relative to the dollar to weak U.S. GDP growth relative to growth rates in France, Germany, Ireland and Denmark. By contrast there has begun to be some recent evidence of a European slowdown. Thus Ireland's recent bullishness has gone the other way.

America this time generated its own financial breakdown. Don't blame this on Thailand or Argentina. Subsequently, U.S. near-bankruptcies traveled fast to Swiss and other European banks.

185

When biggest banks and lending institutions verge toward bankruptcy, don't be surprised if Main Street[1] factories and stores lose profitability. Why then should the euro have been so strong lately, just when Europe may be slowing down? Why then expect strength in the British pound and the euro when their slowdowns have been much like the U.S. slowdown?

I suggest therefore that we should look for a different source depressing the U.S. dollar recently, and in the future. We Americans have been dissavers ever since Ronald Reagan's 1980 Republican victories. This over-spending by our consumers is still going on. And probably, after Main Street Americans have lost so much money from the collapse of home prices, then even after the Democratic Party ousts the Republicans from power in November, 2008, our rate of over consuming may get even worse in the future.

That would not be quite as major a problem for exchange rate stability if emerging fast-growing economies like China and India were also dissaving at the same American rates. But precisely as MIT's late Franco Modigliani[2] had prophesized, fast growth rate and rising real-wage incomes do ordain that places like India and China will be great savers, not great dissavers. In a nutshell, that is why I suspect that the legacy of President Bush's many rash policies will someday ignite a massive and disorderly run against the dollar.

---

1) **Main Street** 실물경제 2) **Franco Modigliani** 프랑코 모딜리아니(1918~2003): 이탈리아 태생의 미국 경제학자

Chapter 1_ Beyond the Global Financial Crisis

If and when that happens, it is inconceivable that there will not explode a pretty serious global financial panic. Past such episodes saw the return of capital controls and other protective tariffs.

My greatest worry is not about the period ahead in 2008 to say 2012. Until then maybe on Mondays, Wednesdays and Fridays the dollar will depreciate by one-half percent. Following which, on Tuesdays and Thursdays, some big export order for Boeing aircraft will send the dollar up a bit.

Such trivial moves mean nothing if the cosmic clock is ticking away toward a future hurricane. _ybm english September, 2008

Lessons for Today from the World Great Depression

Capitalism collapsed in 1929. Who killed it? Prime blame must be put on Republican President Herbert Hoover and his near-billionaire Treasury Secretary Andrew Mellon.

Who revived the market system and cured most of the unemployment and eventual bankruptcies? Democratic President Franklin D. Roosevelt, who began his *centrist* reforms in March, 1933.

It did, however, take more than five years for the New Deal deficit budgetary spending to restore high-employment prosperity. How did benevolent Roosevelt achieve U.S. recovery from the Great Depression? He did it the same way that pernicious Adolph Hitler did it between 1933 and 1939. In both cases what primarily worked was deficit spending — not central bank policy or self-correction by free markets themselves.

In neither place did they follow the following simple scenario: (1) Print up a large supply of unbacked legal tender[1]. (2) Drop it from helicopters onto city slums and impoverished rural acres. I skip the more complicated story.

Both in Germany and America to keep real income, profits and production moving to a higher level, a new steady stream of purchasing-power currency was needed.

---

1) legal tender 법정 화폐, 법화(法貨)

Chapter 1_ Beyond the Global Financial Crisis

No mystery why Bank of Canada and Federal Reserve operations became impotent in Great Depression times. Interest rates in both places dropped to near zero — a so-called "liquidity trap[2]." Orthodox open market purchases[3] created only the kind of money that was cannily hoarded.

I don't think you can read these truths in the macro booksof Milton Friedman[4], or even in the 1980's Ivy League Ph.D. theses about the Great Depression. These failed to cope with depression "liquidity traps." By 2010 they may know better.

Science sometimes does improve. Alas, science also sometimes disimproves.

When the present meltdown began to be evident, the well-trained Governor of the Bank of England, along with the chieftains at the new European Central Bank, were caught off base and were slow to act.

When Save-Our-Ship signals were already beginning to flash, those central bankers still continued to babble about "inflation targeting" and "moral hazard." Time for that was before the house was beginning to burn.

My best guess is that the present messy debacle will get cured only after a lot of new future deficit spending does take place in the U.S. and around the globe. Some excessive inflation risk will likely be the necessary price to pay for long absence of reforming back to honest accounting reports.

---

2) liquidity trap 유동성 함정: 금리인하와 같은 통화정책이나 재정지출 확대와 같은 재정정책으로도 경기가 부양되지 않는 상태 3) open market purchase 공개시장매수: 증권시장에서 주식이나 채권을 사들이기 4) Milton Friedman 밀턴 프리드먼(1912~2006): 미국의 경제학자

For South Korea, one message seems clear. Don't worry a lot if your public debts begin to rise in the 2009-2010 period. You'll have a lot of company in that respect.

Depend more on yourself, and less on export-led growth. Fifty years ago South Korea, on balance, may well have benefitted from following pretty much Japan's peculiar patterns: huge oligopolies producing many unrelated products and keeping cozy withthe governmental bureaucrats.

Maybe a better pattern for this century is to study how small countries like Switzerland or Finland succeed. Alas, do avoid the post-1980 U.S. non-centrist, non-regulating patterns of the American Republicans. This time it was those that spread the "meltdown" disease to markets everywhere. _ybm english December, 2008

Chapter 1_ Beyond the Global Financial Crisis

Will America's Economic Leadership Last?

Once upon a time — before World War I(1914-1918) — there was one single world currency. It was the gold standard[1]. If new mines increased the total of coinable gold, that would in all probability raise the price level of goods everywhere. Christopher Columbus taught us that economic inflation lesson.

What can go up can later go down. One cause of the terrible global 1929-1939 depression was the failure to find enough gold — in Latin America, California, Australia and the Canadian-Alaskan regions — to keep up with early 20th century growth in global population and soaring per capita standards of living.

That was a bitter pill for conservative advocates of the gold standard to swallow. It took the eloquence and daring of John Maynard Keynes[2] in Europe and Franklin Roosevelt in America to fabricate non-metallic paper money in sufficient abundance to sustain the post-1945 New Era of Schum-peterian prosperity by downplaying the use of gold.

Just as nature abhors a vacuum, every orchestra of nations needs a leader. America came to the fore to be that world leader. Why and how? At war's end, with Europe and Asia in chaotic ruin, America in 1945, with its 6+% of global population, did at first enjoy almost 40% of world production!

---

1) gold standard 금본위제 2) John Maynard Keynes 존 메이너드 케인스(1883~1946): 영국의 경제학자

That degree of dominance didn't and couldn't last. Helped by the generous U.S. Marshall Plan[3], Western Europe and the Pacific Rim nations of Japan, Korea, Hong Kong, Taiwan and Singapore soon reduced the U.S.'s share of global goods and services down from 40% to 30% and eventually down to only 20%.

Could even this degree of dominance persist? No. After China and India and the old cold-war USSR awoke from their economic slumbers, they followed the Korea-Japan path of export-led growth: their educatable low-wage labor could learn a lot from the technologies of the most advanced societies. A China or India could thereby sustain growth at rates more than twice that of the U.S., EU, or Korea-Japan.

And this disparity in growth rates will likely last for some decades to come. Because China and India each have more than a billion people — five times U.S. and EU working populations — America's economic leadership cannot, and will not, last.

Understand this basic fact when you read headlines about a new world currency that will replace both gold and paper U.S. greenbacks.

Because of President Bush's stupid economic and geopolitical policies, Russia and non-core EU diplomats will probably become pro-China rather than pro-U.S. This is what President Obama inherits from his Bush-Cheney predecessors.

---

3) **Marshal Plan** 마셜플랜: 제2차세계대전 후 1947년부터 1951년까지 미국이 서유럽 16개 국가에 실시한 대외원조계획

Chapter 1_ Beyond the Global Financial Crisis

Modern macroeconomic science learned from the Great Depression that heavy public spending, unmatched by new taxing, is crucially needed now to forestall a vicious global cycle of worsening depression. It borders on idiocy that German and French leaders do not understand that in resisting the Obama pleas for activism now they are tightening a noose around their own necks.

Their stubborn opposition will, of course, hurt America too. But their own self-induced hurt will exceed America's hurt. When the new euro currency and the new European Central Bank were first launched, younger economists outside of Europe warned against exactly what is now happening: namely a Bundesbank paranoid mentality that puts over-emphasis on fear of inflation.

European recessions still to come and still to worsen will, alas, teach Europe's leaders macro lessons the hard way.

_ybm english May, 2009

Future Troubles May Await South Korea and the Global System

For decades prior to World War II, Korea suffered as an exploited colony of Japan. After the latter's surrender in 1945, Korea began its near-miraculous economic development.

Ironically, Korea chose to pretty much follow Japan's path to growth: bureaucracy, oligopolies and for a long time some corrupt dictators.

Why Koreans splendid 1960-2000 economic progress? (1) Koreans are notoriously hard workers. (2) They proved to be clever at imitating the technologies they could import from America and Western Europe.

Since 2000 the new important challenges South Koreans have had to face are the new two billion competitive exporters from post-Mao Chinese and post-Nehru Indians.

Challenges to South Korea have been made still worse by the current global meltdown. Eight years of rash corporate deregulation by President Bush's Republican majorities bear major responsibility for what I believe will be a multi-year slump. This looks to be as bad and as lasting as the 1929-1939 Great Depression.

Koreans are right to hope that the new excellent Obama team of U.S. macroeconomists will in the end embrace centrist policy actions that will be needed if a repetition on the world stage of a "lost decade" is to be avoided.

Chapter 1_ Beyond the Global Financial Crisis

What finally did end the Great Depression was Roosevelt-Keynes deficit fiscal spending[1] on a sustained basis. Do economists in Seoul realize this fundamental fact?

If they do, they will not waste their time and energy on Washington gossip. No one can tell you just when genuine recovery will come. Obviously some erroneous decisions were made by some of the Obama rescuing teams. Try to ignore such unanswerable questions.

Again and again my op-ed columns directed toward South Koreans have counseled that (1) hard-working Koreans work even harder still. (2) Export-led Korean development has served you well in the past. Plan new efforts to supplement that pattern with useful domestic deficit spending projects that are independent of foreign trade.

Finally, it hurts me to have to seriously warn you and similar Asian countries as follows.

The long-term prospect for the U.S. dollar is problematic. Americans have become low savers — which means high consumers. Five or more years ahead, I expect that there will emerge a disorderly run against the dollar. When and if that happens, a third worldwide financial crisis will be all too likely. China and not America will by then be the major global economy. Remember where you first heard this gloomy warning.

_ybm english June, 2009

---

[1] **deficit fiscal spending** 적자 예산지출

Wishing for President Obama's Good Luck

When the U.S. voters presented Democrat Barack Obama with a landslide presidential victory in November 2008, savvy analysts expected that within his "honeymoon[1]" first year, Obama's crack economist team would quickly repair much of the damage inherited from four years of Republican miscues that had led the whole globe into a malignant meltdown.

Franklin Roosevelt's New Deal had accomplished such a triumph just after his crushing victory over Republican President Herbert Hoover during the 1932 election. Opponents of the New Deal, in Congress and the media, denounced Roosevelt as a communist, or worse. But Roosevelt's eloquence and humor led to great and sustained popularity. No less than four consecutive four-year terms did he win.

Therefore it could be said that Roosevelt saved capitalism from itself. More than that, Roosevelt can be said to have saved the entire globe from almost certain victory by Adolf Hitler's vicious genocides planned to be perpetrated against billions of non-Germans.

Roosevelt's guile and finesse were needed to achieve the saving of Britain from certain defeat in the 1939-1941 years. Only after Japan's rash miscalculation to bomb Pearl Harbor in Hawaii did all the American people unite to wage total war against Germany, Italy and Japan.

1) honeymoon (정치적) 밀월: 미국에서 새 대통령의 평가를 유보하고 긍정적인 시각을 유지하는 기간

Chapter 1_ Beyond the Global Financial Crisis

With regard to the setbacks and delays for Obama's needed programs to restore rational regulation to our financial markets and to reform health insurance for the masses, I hypothesize the following explanations.

One, lobbyist money opposed to reform today prevails on a scale that did not exist back during the 1929-39 Great Depression.

Two, despite Mr. Obama's intelligence and wisdom, there is the factor of skin color. Fifty years from now Barack Obama will be written up in the history books along with Washington, Lincoln, Roosevelt and Kennedy as a great president. That will be then. Now is now.

Three, the meltdown mess that America and much of the world now face is much, much worse than what Presidents Hoover and Roosevelt had to face in the 1929-1935 period. Back then, rural banks failed first when crop prices went through their up and down bubbles. Wall Street was not squeaky clean, but transparency did mostly prevail.

By contrast, this time the Frankenstein, fiendish maneuvers dreamed up by financial engineers at Chicago, MIT, Harvard and the Wharton School at the University of Pennsylvania, destroyed all transparency at the same time that investors were lured into dangerous hyper leveraging. This factor made it inevitable that orthodox central banking should give way to a centrist mixed economy[2].

---

2) **mixed economy** 혼합경제: 정부가 민간의 경제활동에 개입하는 경제체제

America's founders — Washington, Jefferson, Adams, Madison and Hamilton worried whether large democracies could in the end succeed. Historically, luck was with us. But any system that happens to have to depend on mere luck can be fragile.

The future will need to be a centrist mixed economy. Nothing else will work neither Friedman-Hayek[3] libertarianism nor Stalin-Mao leftism. So do hope for a lucky Mixed Economy.

ybm english October, 2009

---

3) **Friedrich Hayek** 프리드리히 하이에크(1899~1992): 오스트리아 태생의 영국 경제학자

Chapter 1_ Beyond the Global Financial Crisis

Why a Return to Centrism is Needed

The world financial system is still entangled in a horrible meltdown. The root cause was the U.S. government's rash venturesinto letting bureaucracies and banks expect to be free of government regulation. This traces to Republican electoral victories during the Ronald Reagan, George Bush and George W. Bush years.

History records that everywhere and always, libertarian unregulated policies that forego strong public centrist policies will self-destruct. Some think that the failure of Lehman Brothers a year ago set off the panic. That is wrong. If that investment bank had been rescued from bankruptcy it would not have mattered much. The rot was in the system long before that. Bear Stearns, another giant dysfunctional mess, had already been allowed to fester.

The Age of Enron[1] can be blamed for much. Its dirty deeds also trace back to Ronald Reagan, Karl Rove and Vice President Richard Cheney. Once all-powerful America has lost forever the powers and influence it had enjoyed in the last half of the twentieth century.

Macro economists in Britain and the U.S. who learned their economics in the 1970's and 1980's, turned out to be grossly inept to foresee the crises in advance, and to know what to rationallydo about them.

---

1) the Age of Enron 엔론 시대: 기업 역사상 최대의 회계부정으로 2001년 파산한 미국의 대형 에너지 기업 엔론(Enron Corporation)처럼 기업의 분식회계가 성행했던 시대

Comparisons with the global Great Depression of 1929-1939 are warranted. President Herbert Hoover did little during the critical years 1929-1933 to reduce unemployment and economic inequalities. That explains Franklin Roosevelt's landslide electoral victories during all of the 1933-1945 years. Public rescue operations were needed and his popularity made that happen.

Some wise economists from the Franklin Roosevelt New Deal years warned former Federal Reserve Chairman Alan Greenspan to face up to preventive action. He failed to forecast the approaching storm, and he refused to understand the obvious need for new regulation of banks, corporations and mortgage lenders. Experienced macro experts took warning from the 1990s' Long-Term Capital Management[2] debacle.

Important it is for me to turn from the dismal past history to what will happen in the future. Yes, with considerable likelihood, the recessionary dropping of employment and consumer-earned income and corporate disinclinations to invest will soon stop.

That makes stock market investors cheerful, but their bullishness is a great mistake. What we need to know in America, South Korea, China and elsewhere is when a healthy recovery will take place.

---

2) **Long-Term Capital Management** 롱텀캐피털매니지먼트: 미국의 투자전문가 존 메리웨더가 두 명의 노벨 경제학상 수상자와 월스트리트에서 잘나가던 투자자들을 모아 출범시킨 헤지 펀드

Chapter 1_ Beyond the Global Financial Crisis

People ask old, best-informed macro economists: how can a strong recovery be stimulated? There is only one answer. It is the same answer that had to apply when President Roosevelt's New Deal revived American capitalism.

It was heavy fiscal deficit spending that did the trick. Therefore, anxious observers in Seoul should want the many countries across the globe to engage in grossly large budgetary deficit spending.

Don't believe that this will create an unmanageable inflation in the next two years. What I do not have time to discuss in this space is what might be some bad results on the stability of the dollar in 2012-2014 as a result of saving capitalism in 2010.

_ybm english November, 2009

Sooner or later the Internet will become profitable.
It's an old story played before by canals, railroads and
automobiles.

인터넷은 머지않아 돈벌이가 될 것이다. 과거에 운하, 철도, 자동차가 그러했듯이 말이다. -폴 새뮤얼슨

Chapter 2

Hard Facts about Korea

Globalization's Bounties and Its Discontents   204
A Special Korea-America Relationship?   206
No End in Sight for the Depreciating Dollar   209
New Global Economic Winds   212
The New Order in the Pacific and Elsewhere   215
High Prices and Current Hard Times   218
Why Government Must Regulate Environmental Reforms   221
Blueprint for North Korean Economic Reform   224
Paramount Importance of "Human Capital"   227
Korea Finds Its Own Best Economic Model   232
A U.S.-Korean Free Trade Pact Might Be a Win-win Story   236
Why the Effects of Low Birth Rates Will Be Delayed   239

Globalization's Bounties and Its Discontents

When each region specializes geographically, total world output and growth is definitely maximized. And each region, large or small, will generally benefit with better average living standards.

South Koreans know this truth about globalization. Today they live better and longer than their grandparents did. By contrast, North Koreans, imprisoned within a one-party pseudo-socialist bureaucracy, remain mired in extreme poverty.

Economic history teaches us again and again that freer-trade globalization can benefit mankind.

After World War II, history's main leitmotif has been continued U.S. growth but at a lower growth rate than lower-wage European Union, Pacific Basin Japan, Hong Kong, Singapore, South Korea and Taiwan.

Is globalization always a win-win situation? Generally, yes. While the Pacific Rim explodes upward in progress, U.S. growth rate is at a slower pace. But that slower pace is still positive.

Mixed Economies — defined by most activities being conducted under supply-demand market competition, but (1) with democratic governments regulating against monopolies, (2) stabilizingthe ups and downs of business cycles by macro fiscal[1] and monetary programs, and (3) use of tax-and-spend fiscal systems that compel lucky market winners to share a fraction of their winnings with their low-skilled poorer neighbors.

---

1) macro fiscal 거시경제적 재정

Chapter 2_ Hard Facts about Korea

Under 21st century globalization, the market mechanisms will alas generate increased income and wealth inequality. This means that, both in America or Western Europe and in emerging nations (large or small), those already with lowest incomes and abilities will be least winners from globalization.

On reflection readers can come to realize that modern democratic societies can — if their voters do insist upon it — lighten at least in a limited way, the discontents ever present when globalization grows in intensity.

What examples should we look at? Certainly not President Bush's present-day Republican Party. Since the 1980 election of movie star Ronald Reagan to our presidency, the previous welfare state of Franklin Roosevelt and John Kennedy has been under attack. Between now and 2016, people's social security and Medicare sacred entitlements[2] will be severely whittled away.

South Koreans of good will and of at least limited altruism can look for models to follow in such small countries as Norway, Finland, Denmark, Ireland, or the Netherlands. These do prosper under globalization.

But interfering too much with the private property market mechanisms, Sweden learned decades ago, can rob society of much progressive dynamism. South Koreans, if they want to do so, can aspire to and find that "middle way" which will bless all the populace. _ybm english April, 2006

---

2) sacred entitlement 신성불가침의 권리

A Special Korea-America Relationship?

For many decades, Americans and Britains have recognized gratefully that the peoples in these two countries enjoyed a "special relationship." Recent trends raise the hope that South Korea and the United States can develop and maintain a somewhat similar special relationship.

The omens are favorable. Each of us benefits mutually from both our current trade in goods and in our cross-border capital investments. Of course the U.S. is much bigger than Korea. But that should not interfere with symmetry of mutual respect.

Back in 1997 when panic in Thailand[1] spread around the globe, the IMF and the U.S. government urged South Korea to stay with the free-trade cause and also to curb both bureaucratic and corporate "cronyisms." This South Korea did do. And, by contrast, a country like Malaysia definitely did not do.

Almost as in a controlled experiment, South Korea did make a fast and happy recovery. Those many places that ignored IMF suggestions needed instead to have recourse to direct capital controls and other protectionist measures. These soon lost any short-run efficiencies that had been hoped for.

Does a special relationship between equals imply, explicitly or otherwise, that Korea should not dare to sell any of the many short-term, low-interest U.S. bonds that she has accumulated by recycling her trade surpluses with America? No, in my opinion.

---

1) **panic in Thailand** 태국 금융공황(1997~1998): 1997년 7월 2일 태국의 바트화가 폭락하면서 순식간에 필리핀, 인도네시아, 말레이시아, 한국 등으로 확산된 아시아 금융위기를 말한다.

Chapter 2_ Hard Facts about Korea

Were I in charge of Korean macroeconomic policies, I would counsel that in the 2006-2008 years she would be well-advised to shift some of her dollar assets away from low-yielding U.S. government bonds into a broad index of American and world common stocks. For more than 80 years, on a risk-adjusted basis, portfolios heavily weighted with stocks rather than bonds have outperformed.

Indeed, prudent governments all over the world — even in say Norway or the OPEC Middle East — probably ought to have much the same international weights in their asset portfolios as the U.S. or U.K. or France should have. Reaching and maintaining that common equilibrium would not be an act of aggression against the U.S. dollar or the U.S. people. And, the same strategy could be optimally employed also in a reformed Korean social security retirement system.

A newly developing society should choose carefully which national role models to imitate. If Germany, France and Italy, the core nations in the original European Union, have been floundering badly in recent decades, then their trade union structures should have little appeal for present or future Korea.

On the other hand, much might be learned from the examples of one such small country as Denmark. Denmark does achieve half the unemployment rates of Germany, France or Italy. How is that possible? It traces to the fact that when Danes becomes newly jobless, their unemployment insurance is conditional upon their enrolling in rational retraining programs.

Coupled with this is the requirement that they must be willing to accept available jobs newly offered to them. What they cannot do is stay permanently idle, supported by the government's unemployment insurance system.

This combination does succeed. In Denmark, when conditions change, employers are free to fire workers. Both sides understand that other jobs will be findable (but, of course, not always at the same wage and requiring the same former skills). _English Netzine June, 2003

Chapter 2_ Hard Facts about Korea

No End in Sight for the Depreciating Dollar

In economic history nothing stays the same. From 1945 to 1973, $10-a-barrel oil mostly ruled. That's gone forever. No one can know whether world oil prices will rise or fall ten percent next year. But high energy prices are here to stay.

The same dynamic holds for the dollar's exchange rate versus the Korean won, the euro, the Japanese yen, the Chinese yuan, and the British pound. Alert experts expect that for a long time to come the U.S. dollar is more likely to depreciate than to rise.

Why? Is U.S. real output in decline? No. America's per capita real GDP still grows. And, except for a few unimportant tax havens[1], the U.S. per capita real income will continue to surpass its global competitors.

However, total real growth rates of the U.S. and other most affluent places cannot be expected to grow faster than, say, three or four percent per year. By contrast developing lower-wage regions can for a long time continue to grow at say seven to ten percent per year.

Why? For the reason that technological and managerial knowledge can spread to any place where there is an educable population. Think of Japan 1950-1970, or South Korea 1960-1990, or post-Mao China.

---

1) tax haven 조세피난처: 외국 투자자의 입장에서 본 저과세 또는 비과세 국가나 지역

All of these can import and imitate advanced technologies. While their resulting real wage rates grow rapidly but still remain low compared to North American and Western European levels, for them export-led explosive growth will prevail. Poor but achieving populations are generally high-savers. By contrast Americans and prosperous Europeans have become notoriously low-savers — even in some cases zero savers.

Dollar exchange rate stability therefore comes to depend vitally on willingness of exporting regions to recycle their trade surpluses into low-yielding[2] dollar-denominated assets.

Even so, the dollar continues chronically to depreciate. Will this syndrome continue? In my view, yes. A billion or more workers in China and India are still waiting to move into the pattern of rapid imitation of technologies first introduced in the West.

Realistically, South Koreans have most to fear from competitors in China, Japan and India. Some appreciation of the won will be inevitable even if accumulating Korean dollar reserves continue to be tolerated.

South Korean officials and bankers ask me, "Why can't the won succeed in appreciating as little against the dollar as the yen has done? Why can't we stay competitive with exporters from Japan?" My answers are definite. Japan's deflation far exceeded Korea's. Her interest rates therefore are still near zero, which is far lower

---

2) **low-yielding** 수익률이 낮은

Chapter 2_ Hard Facts about Korea

than Korea's can be. If the Bank of Korea recklessly printed enough extra won currency to bid up the dollar, your country would be risking inflation and a subsequent financial collapse.

To make the best of inevitable pressures toward won exchange rate appreciation, I do have one useful suggestion. Instead of adding dollar resources invested in low-yielding U.S. Treasury bonds, corporate Koreans and governmental agencies should invest more heavily in worldwide balanced equity portfolios. This would benefit your nation most in the 2007-2010 period.

More than that. Much, even most, of a worldwide portfolio of stocks would be in dollar-denominated equities. Your spending of new won on them will slow down a bit the upward appreciation of the won. Best of all for an economy like Korea's: do become gradually less dependent on export-led growth. _ybm english February, 2007

New Global Economic Winds

Sophisticated readers in the West used to be familiar with books entitled *The Decline and Fall of the Roman Empire*. Maybe in the future the popular scholars will be guessing about "The Declinein Primacy of the American Economy."

Since 1980 Republican U.S. Presidents such as Ronald Reagan and George Bush have speeded up America's unpopularity abroad. But it was predictable in any case that accelerated development of emerging economies everywhere would reduce America's 1950 swollen share of total global real output. When Germany and Japan were devastated, defeated regions in 1945, America's 6% of world population produced maybe 40% of total world real output.

That could not last. Economic know-how leaks out from advanced economies to poor regions possessed of low-wage educable work forces. That explains why and how Japan, South Korea, Taiwan and Hong Kong could grow at rates double those of Western European and North American growth rates, for decade after decade.

This evolutionary change is far from over. Nowadays China, India and Russia have abandoned inefficient socialism. The result is astonishing: Already, though Japanese don't realize it, China — on a correct purchasing-power-parity measurement[1] — surpassed second place Japan.

---

1) **purchasing-power-parity measurement** 구매력 비율 평가: 각국 통화간 교환비율인 환시세는 각국 화폐의 구매력 비율에 의해 결정된다는 이론

Chapter 2_ Hard Facts about Korea

Not yet has China's total real GDP come at all close to America's. And, at that future time when U.S. and Chinese total GDP's become equal, China will still be a poor society. Having five times the U.S. population, her per capita real income will then be one-fifth of America's per capita GDP. The above truths explain why, if the U.S. has a recession in 2008 or has only weak 1-2% GDP growth, the rest of the world (inclusive of the Pacific Rim advanced emerging societies) could still have an okay 2008.

The new mighty four "BRICs" economies — Brazil, Russia, India and China — could be a locomotive to replace the slow-moving U.S. locomotive.

Economic theory and economic history can never be exact sciences. There are no guarantees that strength from China and India will compensate for possible weakness in Europe and North America.

Also, remember the following sober truths. When the U.S. locomotive was strong, that assured good Korean exports. Maybe, but only maybe, a strong Chinese locomotive will be an unmixed blessing. Maybe.

Don't forget that China is more a *rival* to Korea than America ever was. Americans were good customers for Korean exports. However, if China's new autos come to displace Hyundai sales on the world market, then it might be the case that a strong Chinese locomotive will be no blessing at all for Korea.

Loose lending and excessive leveraging took place universally while the speculative bubble[2] in real estate took place. When that bubble reversed itself, the usual depression operated.

What was different in 2006-2007 was creation by American financial engineers of new loans that lacked transparency and imposed perilous over-leveraging. Paradoxically, the safety of the banks in the U.S. and the E.U. was in peril.

If this time Korean banks and corporations lost little in such dangerous lending, count yourself lucky. And in the future be even more cautious. _ybm english **February, 2008**

---

2) **speculative bubble** 투기적 거품: 투기적 거래로 가격이 과도하게 상승하는 현상

Chapter 2_ Hard Facts about Korea

The New Order in the Pacific and Elsewhere

When the cruel World War II ended in 1945, political pundit spredicted that a terrible economic future lay ahead for the Pacific Rim countries. They were wrong to be so pessimistic.

Instead America's Marshall Plan for European recovery was highly successful. And that encouraged the MacArthur Occupation of Japan to initiate and promote what came to be called Japan's miraculous growth sprint.

Korea, which suffered dire decades of colonialist oppression, achieved its independence after World War II. Autonomously, using its own initiatives, Korea adapted the Japanese mode of educating its energetic population to the higher technologies of North America and Western Europe. That way Korea — South Korea — evolved into an approximate parity with the other Pacific Rim emerging economies: Japan, Hong Kong, Taiwan and Singapore.

America's role in this was twofold. Our hunger for cheap high-quality goods, produced by labor still being paid low wage rates, meant that Korea could count on export-led growth. In addition, burgeoning technological innovations came out of U.S. laboratories, think tanks and computer "Silicon Valleys." In a figurative sense, America was the conductor of the new Pacific regional orchestra. When America coughed, Asia's growth rate slowed down (but actually fell only rarely). When the U.S. locomotive picked up speed, Asia collected much of the new stimulus.

That was then. Now is now. A billion people in China and another billion in India have awakened to embrace the market mechanism. Their growth potentials are for a long time to come nearer to double-digit levels, while Europe, North America and societies at the prosperity levels of Japan and Korea can at best grow at only about one-half the speed of the new contestants.

America will remain a world leader for some time. But at a future date we'll lose our sole leadership. China has already passed Japan as second-place largest economy. If China's one-party political leadership manages to regulate its chaotic market economy, China will become the next world leader.

The present international panics trace directly to America. President Bush's Republican deregulation permitted and promoted many evil products of modern "financial engineering" — off-balance-sheet[1] hidden corporate losses, irresponsible rash lending in the form of securitized, non-transparent packets of mortgages[2].

Repeatedly I have written: If 2005-2008 present failings had happened back in 1929, a long, deep depression would have followed. However, even if U.S. real growth were to stagnate at zero for two years, that would not be globally disastrous.

Korea, like Japan or Switzerland, will this time have to work harder and promote its own stronger domestic spending. I'd bet on such a successful Korean effort. When the Federal Reserve and other central banks are engineering repeated double cuts in their

---

1) off-balance sheet 기업의 대차대조표에 나타나지 않는 자산과 부채 **2) securitized, non-transparent packets of mortgages** 부동산 담보대출 채권들을 묶어서 그 내용을 잘 알 수 없는 형태로 증권화한 것

interest rates, the Bank of Korea ought to be joining in that group stimulus effort. Likewise, when most places are expanding deficit budget spending, South Korea should not be the last to follow suit.

Yes, such efforts to expand spending can add somewhat to excessive inflation. That is a necessary cost to bear. Inflation targeting should, however, be only on temporary hold.

_ybm english March, 2008

High Prices and Current Hard Times

An old fad has again become popular among writers on economics and psychology. If science and the industrial revolution has increased our real incomes above our parents' generation's incomes, why aren't we happier than they were? Apparently the joy from a 20 percent rise in slary mostly disappears once six months have passed.

However, I think the evidence is pretty strong that people do hate cyclical depressions and recessions. That helps explain current worries at this time.

Sky-high oil prices drain down families' incomes. To add to the misery, the cost of food has exploded due to floods, droughts and the new competitive demands of billions of Chinese and Indians who have been newly attaining a better standard of living.

Dreams of conservation and ecologist "green" goals, by the Law of Unintended Consequences, have added to our current worries. When ethanol made from corn goes into our auto tanks, corn is lacking to go into babies' stomachs. Worse still is the possibility that a unit of ethanol which replaces a unit of gasoline maybe itself costs so much in energy as to further enrich OPEC billionaires?

It will help when science learns how to make ethanol not from corn but from ubiquitous grasses. Scientific breakthroughs won't help to solve 2008 shortfalls.

Chapter 2_ Hard Facts about Korea

Korea is only a medium-size country. Does that make it especially vulnerable to current global malaise?

My guess is, No. Smaller places like Switzerland, Denmark, Finland and South Korea score well in comparison with median larger countries like Germany, Italy and France.

I never believed in the old-fashioned view that recessions were good for a society because they cleaned out the rot that had crept in during good times. Hayek and Schumpeter, serious economists, were quite wrong in thinking that the depressed 1930's benefited either big or small countries.

Actually, innovation and scientific research suffered badly in the 1930's — as badly in little Denmark as in big America. However, paradoxically, small nations like Belgium recovered faster than much larger France. Why?

It was because Belgium let its currency depreciate away from the old 1914 gold standard parities, when France foolishly refused to do so.

If a nation's policy leaders — its central bank, legislative and treasury bureaucrats — pioneer new centrist policies, workers with Koreans' energy and initiative can minimize the depth and the duration of temporary cyclical weakness.

In America Korean autos are cheaper than their Japanese competitors. Also, their cars are smaller and more energy-efficient than U.S. Fords, General Motors cars, or European Volkswagens. If they offer better value, they will sell better. If those Korean

219

bargains are made possible by some temporary moderation of blue-collar wages, that is not a defeat for the working masses. Rather it is a move that can keep Korea's medium-term growth up there with the leaders.

Recently I dreamed a dream for South Korea. In that dream it worked devilishly hard to beat Toyota's Prius by 50 percent in efficiency and price. A clever hybrid motor which relied mostly on electricity but with a backup reliance on gasoline, could hope to sweep markets in America and Western Europe. _ybm english **August, 2008**

Why Government Must Regulate Environmental Reforms

Every nation, including of course South Korea, is on notice that it must initiate new efforts to protect its environment and the global environment. Can this be effectuated by unregulated profit-seeking corporations? Absolutely not. Left to themselves, private agencies will act to accelerate the growth of global warming.

So government, perforce, must play the major role in regulating all activities that impinge on problems of environmental pollution and global warming. At best governmental policy may choose to give private enterprise some limited role in this global effort.

The late libertarian Milton Friedman would not like this new role for government. Nor would the late Friedrich Hayek. But their branch of conservatism no longer rules at present-day elections.

Global reserves of petroleum, gas, waterfalls and thermal energy sources are limited in long-run size. Therefore, a first task for scientists and engineers — including Korean researchers — is to try to improve sources of energy that substitute for fossil fuels. Wind and dams of course are high on the first agenda.

Will these new regulations slow down Korean consumable output? Yes, of course. The same could be said for America's or China's private consumption.

South Korean science should want to be in the vanguard of ecological research. Think of it as an opportunity to maybe generate future Korean Nobel laureates.

Many false efforts will be encountered. Thus, the use of American corn to make ethanol as a substitute for oil is probably a serious mistake. To produce corn on a Kansas or Korean farm will use up (in tractors, for example) as much Mideast oil as what it replaces. Ethanol from sunny Brazil's sugar cane stalk is a different story. Researchers everywhere — outside the tropics — should be exploring the production of ethanol out of coarse grasses.

Wind power can help conserve oil. But winds hourly and daily vary in strength. Some inventor, hopefully, will discover a medium that will permit cheap storage of wind-produced energy for use during windless periods.

If we put a tax on firms that produce carbons (or CO) that would be one feasible way of conserving energy. Firms would then profit more when they rationed carbon severely.

There is another related way to persuade or coerce private firms to refrain from earning profits by use of polluting soft coal. Call this option the Cap-and-Trade[1] system.

---

1) **Cap-and-Trade (emissions trading) system:** 탄소배출권거래제: 탄소 배출 허용량을 국가별로 할당하고 이를 초과하거나 이에 모자라는 '탄소배출권'을 구입하거나 판매할 수 있도록 한 제도

A first big conservative program would be strict enforcement everywhere of small car and truck size. Hybrid use of battery energy and petroleum, if universally mandated, could by the year 2012 be perhaps the most efficient way of kicking off serious environmental reforms.

It would be a coup for Korea to be early in producing a popular small car that uses already available hybrid technology. Why leave to Japan's Toyota the lead in this? _ybm english **August, 2009**

Blueprint for North Korean Economic Reform

Before 1990 there were four islands of bureaucratic socialism surrounded by a global ocean of Mixed Capitalisms. From the standpoint of economic growth and standard of living for their populaces none of the four were a success.

The post-Stalin Soviet Union, while it remained a powerful military rival to America and the global market societies, was clearly losing the economic competition. A billion workers in Mao's China were stuck in a poverty that was deepening. Castro's Cuba, even with cold war subsidies from the USSR, was never able to reattain its pre-1969 real total of National Product.

North Koreans, by contrast with their South Korean cousins, had no share in the post-1950 developing-world economic miracles. However, only in the last decade or so, has famine and a breakdown in the standard of producible nutrition occurred.

Can a society that for 50 years moved away from Mixed Capitalism hope to make a new economic reform work? As an economist familiar with global economic history, I must say: Yes. The case of post-Mao China has been an economic success.

Another hopeful case study is that of East Germany. Before Gorbachev liberated it from the Soviet bloc, East Germany's official statistics reported that its per capita real income had fallen behind West Germany's real Gross National Product by only

Chapter 2_ Hard Facts about Korea

about 30 percent. Even though East Germany remains below the West despite massive internal subsidies to it, by the new millennium there has been a considerable measure of catch-up.

No realist, however, considers a Germany-like unification to be probable between now and 2010 or even 2020 on the Korean Peninsula. Therefore, the question I will be addressing here is this: What might the North Korean authorities hope to accomplishby partial market reforms? Tactically and strategically, which feasible reforms would seem likely to be most effective?

China, by contrast to Russia, did early on introduce measures of autonomy for small businesses — and particularly for farmers. The favorable results on productivity were immediate once the perverse incentive systems of the state farms were replaced by rewards to the farm workers geared somewhat to their energies, efforts, and ingenuities.

A contrived quickening of the supplies of foodstuffs would have an immediate favorable effect on millions of North Korean urban people. Thereafter, if small businesses in towns and cities become freed to benefit from market sales of their outputs, rural "miracles" could begin to be duplicated elsewhere. No longer would consumers be rationed in how much they can buy at market prices. Also, now those with small feet need not be condemned to wearing too-large shoes.

225

Will all this be easy? No. In southern Italy for centuries the mafia have siphoned off some of the fruits of people's labor. Overnight in post-Gorbachev Russia, a similar mafia (of mostly former bureaucrats and politicians) have similarly expropriated to themselves rich oil and mining revenues and disproportionate stock shares in the new Russian corporations. Will not Korea have to face and struggle with similar patterns of what can be called "occidental cronyism?"

Be prepared to expect that a semi-reforming North Korea will find itself subject to some of the global business cycles of historic capitalism. It becomes a matter of choice: stay frozen forever in a bureaucratic stagnation[1]; or seek growth at the cost of some ups and downs inherent in relying on the market mechanism. Also, a new and different increase in real wage income does seem inevitable in a newly-established market economy.

Political life is neither a sentimental novel nor a historical saga of exploitation. It, alas, has to consist of day-to-day compromises: two steps forward, one step backward, one step sideways. Success comes when the long-term trend turns on balance upward.

Precisely because North Koreans start from so low a level, their historic strength as industrious and educable human beings can hope to match the miracles of economic development seen elsewhere earlier around the Pacific Rim. _English Netzine_ November, 2002

---

1) bureaucratic stagnation 관료주의적 경기침체: 정부의 비효율적 규제로 일어나는 경기침체

Chapter 2_ Hard Facts about Korea

Paramount Importance of "Human Capital"

What is it that Korea and Japan have, and that so much of Africa and the Middle East lack, that is important for economic progress in the next twenty years of the new millennium?

It is not the purely geographical properties of the upper-Eastern coasts of the Pacific Ocean that is determinative, even though the geography of the temperate zones is important in its own right. Tropical Africa, South America, and equatorial Asia do seem to be significantly absent in membership with the highest-affluent and productivity regions. However, we must remember that some six thousand years ago the first great recorded civilizations did originate in the fairly warm temperatures of Asia Minor and Northern Africa.

Naive bigots — such as Hitler with his illusion of a special DNA superiority of "Aryan" type — have sometimes believed that skin color is what matters most. Caucasian whiteness was contrasted with black skins of African jungle dwellers and Australian aborigines. In the old-fashioned anthropology textbooks of the nineteenth century, brownness or yellowness was deemed superior to blackness but on that same scale not quite up to whiteness. By that gratuitous criterion, more than half the global population were condemned to inferior status vis-a-vis the European descendants from the earliest African humanoidspecies.

You have only to attend an elite U.S. university today to disprove the thesis of white-race superiority. Junior Phi Beta Kappa[1], the cream of the cream where undergraduate grade performance is concerned at elite U.S. universities such as MIT, Harvard, or the University of California, Berkeley, now display as many Asian names as Anglo-Saxon ones. (When I recently attended the Yale Memorial Service for 84-year-old James Tobin, the greatest macroeconomist of this century, a high point in the occasion was a marvelous Schubert quintet: only one of the five performers was "white," while three were Korean and one was Chinese. Go to hear the Harvard orchestra and you will confirm this same Yale experience. One hundred years from now, one guesses that the Austrian composer Franz Schubert will be replaced by a composer of Asian heritage!)

I could go on and on. Neither Japan, nor Korea, nor Taiwan, nor Singapore have significant domestic deposits of petroleum, copper, iron ore, or other exhaustible national resources. For the secret of their 1950-2000 miracle development we must look elsewhere.

To cut short any mystery, economic history teaches me the supreme importance for real economic growth comes from good education. During my time as an economist, we have come to call this human capital. When we use resources to produce a durable

---

1) **Junior Phi Beta Kappa** 미국 대학의 3학년 우등생 클럽

piece of equipment, we call that machine capital. When young people go to school instead of providing work for a low wage, and when society transfers resources to provide for them schools and universities and career teachers, economists speak of our investing in human capital.

Experience shows that educational investment in human capital does pay a generous return. With each additional year of personal schooling, my children will earn so much more in the way of wages and salary, as to produce a yield of an extra 10+ percent per annum for their forty-odd years of working life.

What is a true principle of personal finance happens also to be a true principle of social economics. Non-economists do not always understand this. I remember that Harvard's most eminent President of the twentieth century, the famous chemist James Bryan Conant, made speeches and wrote articles around 1940 warning that in the future we would have too many people with college degrees. Their wage rates would fall as a result of over supply. Not enough jobs would be found for them in the future, he forecasted. Well, Dr. Conant was a great scientific chemist. But history has proved him to have been a poor economist. Instead of a fall in the yield of return on education, since 1940 America and Europe have witnessed a widening gap between high-trained life time incomes and less-educated poor families' incomes.

There is a lesson in this historical and theoretical account about education as a resource for future productivity growth and higher standards of living. Koreans have especially recognized this early. At home and as immigrants into America, Koreans are particularly known for their energy and ambition. The first-generation immigrant begins as a small shopkeeper or limousine driver. He saves to buy a better home in a good school district. His children are engineers, doctors, lawyers, or corporate executives. Moreover, greater equality prevails among sons and daughters where career opportunity is concerned. The contrast is specially marked between the discriminations against women as careerists in the homeland of Japan proper, and the greater U.S. role for Japanese women to be seen here.

Does education have costs? Yes. Higher tax rates. More expensive school buildings and computer hardware in the classroom. All good things involve costs, but those costs are outweighed by the achieved benefits.

What I am saying for South Koreans, I can also say for future North Koreans. When that day arrives when a one-party totalitarian state finally does get replaced by a market-using North Korean democracy, we can expect to see a great leap forward reminiscent of South Korea in the 1960-2000 epoch.

Chapter 2_ Hard Facts about Korea

When India reduces its illiteracy, that will benefit India. Will it thereby make Pakistan worse off? No. War and power politics may be a so-called "zero-sum game" where A's going up thereby pushes B down.

In economics, regions still poorly developed would be even worse off if today the whole globe were as poor as they are. If, however, they are to move out of backwardness, an important and first requirement is that literacy become universal and for both the sexes. Only that way can their exorbitant birth rates decline, while at the same time their death rates simultaneously plunge and the expectancy of good-quality life grows towards the maximum enjoyed anywhere. _English Netzine July, 2002

Korea Finds Its Own Best Economic Model

After Korea was freed by Japan's 1945 defeat from its long colonial bondage, it did subsequently model its 1960 economic development pretty much on the new Japanese model.

Large oligopolies — called keiretsu[1] in Japan and chaebols in Korea — worked hand in hand with lead banks and with government planners in the bureaucracy and with politicians in the legislature. Unrelated products were merged into the same family-dominated corporations. There was much dependence on bank loan debt and on leverage. Separate corporate customers of the same lead bank would develop friendly, reciprocal relations. Each would tend to buy from the other, to the possible exclusion of less-costly alternative suppliers elsewhere. Also Firm A was encouraged to buy and hold shares of Firm B, while at the same time B might be holding shares of Firm A.

It was all a cozy set of arrangements among cronies, with little regard being paid for dispersed shareholders' benefit. Conflicts and confrontations tended to be avoided. Lifetime employment could be virtually relied upon by the management teams recruited from each year's graduates of the leading universities. One student in Tokyo University law studies might go into the government's Ministry of Finance while his class friend went into employment by Sony or Toyota. And not infrequently, when top governmental

---

1) **keiretsu** 게이레쓰: 계열사

Chapter 2_ Hard Facts about Korea

officers reached retirement age, they might find new CEO jobs with corporations that previously they had been regulating.

The dangers of interest conflicts, corruption, and slack inefficiency apparent in such an evolved system might be avoided or overlooked so long as an educated domestic labor force could be trained in the higher technology already developed in the advanced economies of America and Europe abroad. High quality Japanese and Korean workers, still available at real wage rates considerably below those in North America and Western Europe, could for a long time increasingly capture a larger and larger share of the global export markets.

By the 1990s, Japan's double speculative bubbles had been punctured. Hot investment money from abroad, which had been flowing freely even into places like Thailand, Indonesia, and the Philippines, created the illusion of a perpetual Asian miracle of development. However, when short-term bank borrowings were seen to be applied to ill-thought-out investment projects, suddenly the hot money turned cold and reversed its direction. The funeral bells began to toll for the discredited Japanese model.

South Korea, being able and willing to follow the austerere quirements of the International Monetary Fund, was lucky enough to reverse the tide of financial outflow. Other Asian economies were less lucky. Malaysia, Indonesia, the Philippines, and in a measure both Singapore and Taiwan, resisted IMF pressures and also increasingly began to be hurt by the explosion of Chinese exports made cost-effective by its low wages and its adaptable labor force.

Korea's next new President will have to understand these past recent economic trends. A similar understanding will be needed by the populace who constitute the South Korean voters. Will South Korean political trends follow the sluggish patterns of France, Germany, and Italy, which were once the dynamic leaders of the European Union but which have recently been the sick old men of Europe?

Or will the Korean society learn from Finland, Ireland, Denmark, the Netherlands, and the UK which have been the best-performing regions of euroland? Like the U.S. economy since 1970, these have been societies that have recognized and faced up to the realities of the new global economy. What are some of these realities?

First, limited mixed economies involving neither laissez-faire[2] pure capitalism nor populist class struggle bureaucracy-ridden democracy must flexibly adjust to the ever-changing winds of international comparative advantage. A militant union of steel workers can for a short time force the wage above the sustainable level. But that "victory" is a bitter one that speeds up the permanent exodus of jobs away from high-paid American workers. So with Japan or Germany, whose workforce and living standards stagnate, while Chinese and Indian upstarts capture an ever-growing share of global trade.

2) laissez-faire 자유방임의

Chapter 2_ Hard Facts about Korea

The late Harvard sage Joseph Schumpeter understood this when he wrote about "creative capitalist destruction[3]." What he failed to do before his 1950 death was to face the challenge of sensible democracy programs aimed at limiting the virulent inequalities inseparable from dynamic market systems. _English Netzine_ January, 2003

---

[3] **creative destruction** 창조적 파괴: 미국 경제학자 슘페터가 기술의 변화에 대한 경제의 적응력을 설명하기 위해 제시한 이론

A U.S.-Korean Free Trade Pact Might Be a Win-win Story

Hastening the approach toward freer trade can come sometimes from geographical customs unions or from bilateral free trade pacts. An example is the tri-country pact among Canada, the United States and Mexico. Statistical data suggest that all three places have benefitted from that pact. This happened despite initial opposition in both low-income Mexico and the affluent U.S.

Interestingly Mexico, the poorest society, has probably benefited most. Surprisingly, Canada's international balance of payments[1] recently turned positive and the Canadian dollar has appreciated relative to the U.S. dollar.

Earlier there had been a German Customs Union and also the British Empire initiated "imperials preferences" promoting intra-empire trade. After all, one reason for America's long-time top affluence has been the fact that 50 different states spread over a huge continent have internally had no artificial barriers to exchange and advantageous geographical speculation.

A second telling example is the post-1950 formation of the European Union. Thanks to the boost toward it provided by the successful U.S. Marshall Plan in the early 1950s, the cooperation that began among France, Germany, and a few neighbors has

---

1) international balance of payment 국제수지: 한 나라가 국제 거래에서 외국에 지불한 돈과 외국으로부터 받은 돈을 일정기간(1년)에 걸쳐 집계한 것

Chapter 2_ Hard Facts about Korea

evolved toward almost a score of European members. The past remarkable growth in Western Europe's productivity augurs well for similar future gains from a further enlarged EU that will admit many of the Eastern European nations that were chained to the Soviet Union during the 1945-1990 Stalinist epoch.

I must not overstate the case. Respected economists such as Columbia University's Jagdish Bhagwati lacked enthusiasm for the Canada-U.S.-Mexico pact. I know from earlier arguments by my own great teacher Jacob Viner that he feared the special distortions that come when only part of a geographical region trades extensively within itself.

Still, on balance, I deem it would be a coup if Korea were able to negotiate with America a bilateral free trade pact like the one already achieved between Chile and Korea. Taiwan, Japan and Hong Kong would probably envy Korea if she before them achieves a pact with the U.S.

Do not expect any doubling of the Korean standard of living from such an arrangement. In America's 50-state free trade union, poor states like West Virginia or Mississippi for decade after decade fall below New York and California. But that does not deny that the U.S. South has been steadily narrowing its gap below the historically more affluent North.

237

There is another point that a realist ought to keep in mind. Suppose that one day soon President Bush signed a pact with your President. Yes, you are thereafter partners. But you are by no means equal partners in economic total weight.

Why worry about that? If the U.S. president were like Franklin Roosevelt, who enthusiastically embraced "good neighbor" policies[2], relative size of partners would not matter. However, the George Bush team has repeatedly pursued self-centered, isolationist policies. Under Bush, America still nominally submitted to World Trade Organization agreements. But that did not keep the President who hoped to stay popular with steel industry lobbyists from slapping on temporary protection, limiting steel imports. On balance, the case remains persuasive, I believe: if a U.S.-Korean free trade pact can be had, go for it. _ybm english **June, 2005**

---

2) good neighbor policy 선린정책(善隣政策)

Chapter 2_ Hard Facts about Korea

Why the Effects of Low Birth Rates Will Be Delayed

South Korea, like Japan and America and most European societies, now faces a slowing down in its rate of population growth. This implies that down the road an actual decline in total numbers may likely take place.

Declining or slowly-growing economies will need fewer new machines and factories than fast-growing emerging societies do. That suggests lower interest and profit rates ahead in the far future.

But notice my emphasis on the far future. Correct timing is ever important for both speculative and cautious financial investors.

A true story will help dramatize my valid point. One of Harvard's popular professors made a famous wrong prediction. He based his analysis on the lifecycle theories[1] of the great Franco Modigliani (recently, alas, deceased).

Modigliani understood the economics of lifecycle saving. All of us humans born as babies need to be taken care of by our working parents. From our early twenties on, we gradually become self-dependent. If we are wise, we begin to look ahead to realize that after middle age, we shall want to retire for an unknowable time?

---

1) lifecycle theory 생애주기 이론: 이탈리아 태생의 미국 경제학자 프랑코 모딜리아니(1918~2003)가 제시한 이론으로, 자산과 기대수입의 현재 가치를 고려하여 남은 기간 동안 이루어지는 소비 효용 총계의 가치를 극대화할 수 있도록 소비 계획을 세운다는 가설

So, as Professor Modigliani told the story, prudent workers during their forties and especially in their fifties and sixties, should be doing their most intense lifecycle saving. All the greater will be the average saved out of income if general population and per capita productivity wages are growing fast.

By contrast, mature affluent American and West European societies with their small number of children cannot come anywhere near to two-digit annual productivity growth rates. Unfortunately, in today's U.S. the temptation is to save too little and consume too much.

Still, when the number of retirees comes to soar relative to the number of persons still working, retirees will need to sell, along with their stocks and bonds, their big (newly empty!) houses to finance their old-age food and medical requirements.

The above consideration led the Harvard professor, whose name I need not reveal, to predict: House prices will fall. Instead, everyone knows for years and years housing has been going through a cumulative up bubble.

My point is a simple one. Fifteen years from now, when the so-called super abundant "baby boomers" are retiring in greatest annual numbers, maybe the advice, "Shun stocks and bonds and shun building a lot of new houses" may then turn out to be good advice. But now is now. And fifteen years from now is into the far future.

Chapter 2_ Hard Facts about Korea

During the next fifteen years, most of those born between 1946 and say 1988 will be belatedly trying to acquire assets that can later — considerably later — be liquidated. It is stocks and bonds and houses that can be the items for one to rely on when dissaving becomes the necessary source of finance for living expenses.

What is the moral for Korea told by this story? It is this. Avoid America's binging on too much consumption and too little saving. A sad day of reckoning looms ahead for the U.S. That will come when non-Americans no longer want to put their savings at the disposal of us Americans.

A run against the dollar cannot be counted on to remain orderly and moderate. The risk is real that such a panic will generate some kind of global slump. I hope I am wrong in this. _ybm english December, 2006

The problem is no longer that with every pair of hands that comes into the world there comes a hungry stomach. Rather it is that, attached to those hands are sharp elbows.

문제는 두 손이 세상에 나올 때마다 고픈 배가 하나씩 생긴다는 것이 아니다. 그 두 손에는 날카로운 팔꿈치가 붙어 있다는 것이 오히려 문제다. -폴 새뮤얼슨

Chapter 3

Lessons from the Asian Financial Crisis

Korea in the Crucible Fire 244
Perilous Times and Necessary Hard Decisions 248
The Path toward Moderation 253
Restructuring Korean Chaebols 258
Eradicating Corruption for Healthy Capitalism 261
Need for Korea to Avoid Japanese Mistakes 264
The Political Economy of Corruption 268
Korea's Most Important and Difficult Future Economic Decision 272
The Promises and Challenges of Free Trade for Korea 277

Korea in the Crucible Fire

The whole world is still in a financial crisis. South Korea is no exception. Even America is no exception.

No, we are not near the end of the world. If the right things get done, the future can witness a return to prosperity and progress. But doing the right things will be necessarily painful, and will be painful for an extended period of time. There are no short, easy fixes that will restore the patients to robust health. And most tempting cures by non-economist bureaucrats or populist electorates are likely to only worsen the economic malaise.

Why South Korea? The present crisis started this summer in Thailand far away, and spread immediately to the ASEAN neighbors of Malaysia, the Philippines, Indonesia, and even mighty Singapore. Like bubonic plague[1], the instability virus spread over farther, impacting hard Japan, Taiwan, and Hong Kong — to say nothing of vulnerable targets like Brazil, Peru, and Argentina in Latin America. How could any sane Korean rationally expect to be spared the travails that ultimately afflicted markets in New York, London, Frankfurt and Paris?

The vulnerability of Korea was precarious in its own right. As a friend and admirer of the Korean people for years I have been nagging away at its evolving faults. Yes, because of the hard work and good education of its productive workers, for decades South

---

1) bubonic plague 흑사병

Chapter 3_ Lessons from the Asian Financial Crisis

Korea was able to effectuate developmental sprints along the lines of Japan's earlier export-led bureaucracy-guided oligopolistic capitalism. Every mistake that Japan made earlier, Korea was able to independently repeat. Corruption between politicians and businessmen? Yes. Concentration of monopoly franchises in the hands of a few powerful families? Yes. Legislative and informal impediments to competition from imports? Yes. Loans by banks that were based on political whims rather than on prudent future economic prospects? Yes.

Already forty years ago I had to write in the Japanese press warning that their dependence on growing trade surpluses was bound to face saturation if Japan did not structurally balance out its economy; it is normal for an exporter to gradually tolerate growing imports; it is abnormal to rely primarily on exporting to a world that grows less rapidly than Asian tigers do in their takeoff sprints.

Since 1970 I have been redirected those warnings from Japan to shape them for Korea's emerging dilemmas. However, while a nation is enjoying heady progress, warnings from experts are given little notice. Was Korea only as bad in policy and structure as Japan? In Japan there has been generally ever since its 1945 defeat a system of functioning democracy. Post-colonial Korea went from colonial bondage into a series of dictatorships and quasi-dictator-

245

ships. There was no General MacArthur Occupation to extirpate the malignancies of Korean one-party rule. Even when the passage of time and evolution began to move toward democracy, privatization and deregulation, the process in Korea was slow and sporadic, a case of two steps forward an one step back.

Right now Korean policy action is in limbo, waiting upon the outcome of December's election. Speculators anxious to short sell the won are delighted to have such a period of delay and opportunity. Anyone who reads the diagnostic description of Korean society that I have just given will understand why Korean banks, corporations, and bureaucracies already were held in low esteem by foreign money managers and economic diplomats. To them, long prior to the Thai debacle, "South Korea was an economic accident waiting to happen." Weekly one could check out that Korean shares and market indexes were loss leaders in the Sweepstakes of global finance. And that was while Koreans' GDP growth was still far above the U.S. 3-4% per year range.

Trouble in Thailand merely touched off the avalanche-prone Korean financial structure. Making do with short-term ever renewable IOU's merely had put off for a session or a year the day when foreign reserves give out, and when de facto default necessitates renegotiation and spacing out of indebtedness.

To put it bluntly, Korea's fate is now in the hands of the International Monetary Fund. The IMF has no for-profit motives

Chapter 3_ Lessons from the Asian Financial Crisis

in working out solutions to financial breakdowns. It has no ideological agenda that it seeks to advance in this post-Cold War era. But also the IMF has no endlessly deep pockets lined with gold from which it can emit balm to coat Korea's earned pains. At the least, Korean government and industry will have to face up to a period of austerity and recession. If militant trade unions or idealistically nationalistic university students cannot adjust to this reality, then the storm and stress for the great Korean public will not so much be avoided but rather will be stretched out for a longer and more painful interval. Unavoidably, South Korean society will be facing in this run-up to the new millennium a challenge to its coherence, fortide and survivability. _DATELINE December, 1997

Perilous Times and Necessary Hard Decisions

Not long ago the Korean economic outlook seemed serene and favorable. How different is the present-day reality?

Between now and century's end the Korean people are going to be severely tested. With luck, you will suffer only a couple of years of slow or zero growth; will suffer widespread bankruptcies and business shutdowns, with implied layoffs in employment[1] — but of limited duration.

With the indispensable aid and guidance from the IMF and the international syndicate of leading nations, Korea three years from now will have managed the same kind of recovery that in recent years Mexico managed to achieve.

That is how serious international experts judge the Korean problem to be. Anyone who believes that there is some easy way out of the current nightmare is, I fear, engaged in wishful thinking that could lead only to programs and panaceas that will prolong and deepen the suffering of the South Korean populace.

Professor Jeffrey Sachs of Harvard is an eminent economist with much experience in helping nations stabilize their inflations and develop their growth potentials. When he warns the IMF not to overdo the ordeal of austerity and sacrifice, that might possibly have a favorable effect down the road after some recovery from the financial panic has been well underway. But it would be naive

---

1) implied layoffs in employment 잠재실업

Chapter 3_ Lessons from the Asian Financial Crisis

to believe that, just because the Korean people are highly educated and highly motivated, every future shortfall from their maximum production potential can be and ought to be avoided. Thailand, after all, still looked good and profitable and financially sound as recently as 1996; but that has not prevented grass from growing on its Main Streets[2] where previously commerce flourished.

Korea's first task is to clean up its banking system. So frenzied were bank loans and so concealed have been their magnitudes that it could turn out to be the case that the IMF resources will be insufficient to achieve all of this cleanup.

All democracies are notoriously volatile in thought and behavior. When trouble strikes, voters don't like that. They look for a scapegoat to blame. Maybe the international speculators are to blame for it all? Maybe there is a plot against Asians whose skins are not white? Maybe the IMF is just a puppet of America's financiers and industrialists, and the whole crisis is just another crude maneuver to take away from Korean exporters that markets that they had conquered in Europe and North America? Maybe the proletarian classes in Korea are being newly exploited by local and international capitalists; and if so, rioting in the streets and strike interruptions could be rationalized as rationalized as proper expression of nationalistic pride?

---

2) has not prevented grass from growing on its Main Street 여기서는 시내 중심가에 사람이 지나다니지 않아 풀이 돋아날 정도로 경기가 침체되었다는 의미

Let's try to answer irrationality with rationality. What did the IMF gain at Mexico's expense when, with great effort, it did manage to staunch the peso debacle? What did 1948-1952 America selfishly gain from the Marshall Plan aid it gave to Europe? What can the chauvinistic Prime Minister of Malaysia provide for Korea in the way of economic rescue; his fulminations and grandiose public works have hurt deeply his own country's credit rating.

Now, to be evenhanded, I need to correct some of the misconceptions that come from the Right. Yes. Korea needs deregulation reforms and opening of its import markets. It needs these for selfish microeconomic reasons: market-oriented and globally-open societies have delivered to their people rising long-term standards of living — whereas economies run by bureaucrats and shut off by tariffs and quotas have stagnated or retrogressed. However, deregulation does not mean absence of public accountability. Nor was it the case that the U.S. or the German recoveries from the virulent Great Depression of 1929-1933 were effectuated by wave of regulatory cutbacks and fiscal belt-tightenings.

What did the job? Cleaning up the banks by the Roosevelt New Deal was all important; and so was temporary fiscal stimulus in both Germany and America. If all goes well, there will come to time to invite Professor Sachs to come to Seoul with his in-season good advice.

Chapter 3_ Lessons from the Asian Financial Crisis

Net sacrifices are inevitably ahead for Korea. The challenge to the maturity of Korean democracy will be to spread such sacrifices equitably among the various classes of society.

Ahead in 1998 liquid capital has become scarce in Korea (as elsewhere in Asia). Productive employment of the populace benefits from capital availability. Limitations on foreigners wishing to invest in Korea were overdone in the past when there existed considerable eagerness abroad to engage in joint ventures and ownership in listed Korean securities. Now that cool money has become wary concerning the profitability of your ventures, it has become mandatory to get on with the dismantling of capital controls. The purpose is not to coddle the international financiers. The purpose is to make available to Korean job-earners the supplementary capital formation which is indispensable to fructify their productivity and real earnings.

If Korean markets are freed up can there be a guarantee that at some future date — say 2008 — there will not be a new speculative bubble, delicious while it lasts but leading inevitably to a later pricking and new financial crisis? Of course, there is no such guarantee. Markets left to themselves are macro-inefficient, being subject consecutively to waves of over- and under-valuation. We should know to understand this. But from that knowledge it would be wrong to conclude against coping with the present crisis;

and wrong to build walls of autarky that shut off each nation from its neighbors and that sacrifice in perpetuity the microeffidencies of the international division of diversified labor.

Ahead in time a greater day can dawn for South Korea. But it will not come automatically. _DATELINE_ January, 1998

Chapter 3_ Lessons from the Asian Financial Crisis

The Path toward Moderation

First comes a financial panic and collapse. Then follows a rescue operation, which involves inevitably a cessation of positive growth or at the least a severe slowdown of growth. That is the typical historical pattern and Korea has been no exception.

As credit becomes very tight and IMF-led rescuers insist upon fiscal austerity and a cleanup of insolvent banks, what had been virtually a full employment economy begins to develop more and more unemployment. Bankrupt firms lay off workers; and, to avoid bankruptcy, other firms also abandon grandiose investment programs and initiate mass downscaling of workers. No wonder then that Korean unemployment neared the six percent level early in 1998; it will be no surprise for that rate to exceed seven percent by midyear.

Indeed, if the unemployment rate does not rise considerably, that will be taken as a sign that Korean industry and government are not following through seriously on their commitments to reform toward a more flexible market economy. Thus, Japan has been in a bad slump for six or seven years: while her unemployment rate has shown some rise, it still hovers below four percent — a sure indication that she is still mired in a cover-up pattern in which life-tenure employees are kept on at low productivity jobs. Korea, as it has turned out, has paid dearly for too-closely aping Japan's pattern of crony capitalism and bureaucratic bungling.

In Europe seven to ten percent unemployment is more the norm than the aberration. (In Spain it is more than 20 percent. Germany and France, the great Continental leaders, long have suffered above-10-percent rates of unemployment.) However, in places like Germany the Welfare State provides workers with income even when they can't find any acceptable job. Korea has yet to create very much of a "social safety network." Unless some minimal improvements in this direction get put in place, Korean society could be a powder keg when a growing number of families suffer the agony of insufficient food and shelter.

In Scandinavia and the Netherlands, the 1945-1975 Mixed Economy grew cancer-like beyond the point of diminishing absolute returns. Thus, in Sweden, all the new jobs created after 1970 were net public-service jobs; and marginal income tax rates became so high as to encourage both taxpaper cheating and unproductive worker practices.

In the Netherlands, for a time, any person who qualified as an artistic painter was assured of a governmental market for their paintings. Soon, as might be expected, the public warehouse overflowed with new works of art. At the same time an ever larger fraction of the Dutch populace, if suffering from impaired health, became recipients of lifetime disability pension from the state. In Spain, the legacy of the earlier Franco regime guaranteed for seniority workers jobs employment even when the number of those without jobs swelled in magnitude.

Chapter 3_ Lessons from the Asian Financial Crisis

Korea, I believe, will have to create minimal social safety nets. Seeing retreats by electorates everywhere from the extremes of the welfare state, Korea can benefit from their example. Life for recipients of Korean unemployment insurance can be kept above outright starvation levels; but, still, to preserve incentives optionally, those who work for income ought to fare definitely better than those on the state's dole. And to qualify for continued unemployment insurance, you should be required to demonstrate that you have not behaved unrealistically in refusing job opportunity.

There may be much that Korean workers can learn from recent flexibility of the American Public. One key to the remarkable U.S. growth of millions of new net jobs lies in the surprising willingness of our workers to accept mediocre jobs, with mediocre pay and mediocre health benefits, rather than to hold out unrealistically for high-paid work. It is this, and the accompanying weakness in the American union movement, that explains why our rate of unemployment is less than half that prevailing in Europe during the 1990s.

People in the Korean private sector, and not in the governmental bureaucracy or the legislature, will have to be counted on if the current recession is to be short-lived. What I do hope for from government are macroeconomic policies that are as stimulative as will be permitted by the IMF and G7 rescue operation. That does not give the Korean central bank or budgetary authorities much leeway in 1998 and 1999. But it does have important implications after that. Then Professor Jeffrey Sachs of Harvard will become right to insist that Korea's production potential not be thwarted by continued over-austere tightness. But for now, timing to everything. Korea must re-earn the trust of world and domestic leaders.

The old-fashioned way, before the mid-centuy Mixed Economy had become predominant, was to sweat out recessions by hard work and lean living. That pre-Keynes pattern[1] involved, for most nations and for all together acting in concert, unnecessary suffering and sacrifices. And for this reason most modern experts criticize Europe's continued tolerating of chronic high unemployment, tolerating it out of alleged fears that inflation will be the inevitable outcome of expansionary macroeconomics.

Countries like Korea and Argentine — which in the first case have established a reputation for unwise past investments and in the second case a reputation for decade-after-decade hyperinflations — must realistically now ration their reliance on easier-credit and larger-public works programs. Japan's mistakes in the last few years was to enlarge sporadically in temporary public works programs of little intrinsic benefit but with high politics appeal. Therefore, I would rather see in Korea any fiscal stimulus coming from tax-rate reduction rather than from public works' "pork-barre" spendings. I rather shudder at any prospect of Korean

---

1) **pre-Keynes pattern** 케인스 이론 이전의 경기 침체 해결 방식

bureaucrats micro-managing a recovery program by professing to know how to pick "winning" activities for subsidy and penalizing allegedly "losing" activities.

It is not easy for a society to transform itself into the directions it knows to be optimal. But the hope for gains makes the effort well worthwhile. _DATELINE May, 1998

Restructuring Korean Chaebols

Restructuring of the large oligopolies in Korea and Japan — chaebols and keiretsu — has thus far been modest at best. This is pointed up in Korea by as yet unsolved liquidity problems for the giant Hyundai conglomerate. Observant potential investors outside Korea, and inside Korea as well, are fearful that a bad failure for Hyundai might spread like a plague and jeopardize future stability of the Korean financial system. Were that to happen, Korea's satisfactory 1999-2000 recovery might be in jeopardy.

How would Joseph Schumpeter, the prophet of "creative destruction" as a healthy attribute of well-functioning market capitalism, diagnose this problem? He would, I think, have mixed feelings on the subject. On the one hand he would deplore the habit so prevalent in many Asian societies of perpetually shoring up incipiently-failing enterprises. Doing that can be a formula for chronic stagnation of productivity progress. For Schumpeter, "The future is longer than the present." The wise surgeon cuts the diseased tissue from an infected organ. Yes. But still many a patient has died from the surgeon's knife that cuts too deep and swings too wide.

One hopes that in the new century midsized enterprises will gradually gain on the giant conglomerates. For this to happen, past political and banking practices that favored the chaebols need to erode away.

Chapter 3_ Lessons from the Asian Financial Crisis

These are easy things for me to write in the abstract. But for courts of law, cabinets and legislatures they are in practice very hard to formulate optimally. To appreciate this, consider America's present anti-trust prosecution of Microsoft. Is Microsoft a chaebol? Its founder, Bill Gates, had no wealthy family to give him a head start. He is the wealthiest man in the world through his ownership of a successful operating company that, starting with nothing, earned its own way in a highly competitive marketplace.

Hyundai has not been a lowest-cost innovator producing goods for which it can find enthusiastic buyers. It has rashly borrowed, at home and abroad, relying on short-term loans to finance projects that never passed the accounting and marketing safe guards of cautious future forecasts of market demands.

Microsoft's story has been a different one. Its prices have been dropping as much or more than those of its numerous innovating rivals. U.S. policy does not seek to destroy Microsoft. Or to punish its stockholders. Rather, as a prudent precaution against future misuse of Microsoft's potential for coercing competitors in a predatory way, the Federal Judge has ruled that Microsoft be split into two parts. A higher Appeals Court, or maybe even our Supreme Court itself, will make the final choice — either approving Judge Jackson's decision or modifying it.

What liberals and conservatives alike can agree on is this. Crony capitalism between political and banking bureaucrats ought not be allowed to keep no longer efficient corporate mammoths in existence after they cannot meet the test of the competitive market. "Cut your losses" is the watchword of Schumpeterian capitalism.

I wish I could be sure that the Herculean task of cleansing the political and old-boy network stables of Asian developing nations were a thing of the past. But knowing how persistent this same problem remains for all the advanced democracies, one realizes that perpetual vigilance is indeed the price of good economic performance. *DATELINE* July, 2000

Chapter 3_ Lessons from the Asian Financial Crisis

Eradicating Corruption for Healthy Capitalism

A market system for organizing and conducting an economy is by no means perfect. Even when it is working well, economic history teaches us, it will generate considerable inequality between rich and poor, men and women, highly-educated well-born and offspring of blue collar or farm families. Also, mere blind luck creates inhumane differences in market wages and wealth.

Besides all the above drawbacks of unregulated laissez-faire capitalism, there are the inevitable cyclical ups and downs of the global and regional economies. Still when we compare the alternatives of fascist or communist or authoritarian systems, the case formodern mixed capitalism seems to remain very strong indeed. The contrast between East Germany and West Germany, between North Korea and South Korea, between Maoistic China and Taiwan or between Lenin-Stalin communism and Western European democracy have been sharp and persuasive throughout the twentieth century in favor of an important role for the competitive-market price mechanism.

However, markets lose their efficiency functionings when kings and emperors and dictators use the power of the state to enrich an inside minority elite. Argentina did not prosper when generals collected graft and shipped illicit funds to numbered bank accounts[1] in Switzerland.

---

1) numbered bank account 비밀계좌

Nigerian and Congolese military despots frittered away the vast riches of oil and of varied minerals so that the African masses have never enjoyed the Pacific Rim miracle growth spurts. Marcos's Philippines and Suharto's Indonesia negated the rational signals of competitive pricing. The booty they extorted fell far short of the deadweight harm they imposed on their nations' real economies. When the ship command is rotten at the top, underlings in the bureaucracy and politicians in the legislature are set a bad example. Crony capitalism undermines rational capitalism: who a corporate manager knows and not what he knows determines ultimate wealth growth.

Cash corruption is made even worse when unlawful force enters the picture. Even after a Japan or a Korea identifies bribery and lobbyism in the regulatory agencies supervising the rescue of bankrupt firms and banks, how can such a situation be corrected and reformed? Crooked cliques insist that honest colleagues incriminate themselves. That gives the worst mob leaders blackmail power to undermine would-be house cleaners.

Reform is not hopeless. But it is hard and slow. It will not be the end of the world if some of Korea's biggest chaebols are allowed to go out of business completely. Saving every weak sister and leaving owner-families still with huge wealth holdings can even work against a sustainable and long vigorous expansion.

Chapter 3_ Lessons from the Asian Financial Crisis

Remember that in the future Korea may have emergency need for cool-money investment funds. Nothing is more off-putting to foreign investment bankers than well-grounded fear that any new funds they risk in Korea will only go to save unworthy tycoons from the impoverishments that their past mistakes have earned for them.

Korean democracy, one hopes, can face up to this challenge. At this point in your history centrist rather than polarized class struggles would seem to be called for. Militant trade unionism can be counter-productive in today's competitive globalism. Any short-term victory in forcing up wage rates can be a Pyrrhic defeat[2] if that only speeds up the movement of factories to more competitive environments in China, India or elsewhere.

We in America had to learn this lesson the hard way. But fortunately our prosperity of the 1990s can mostly be attributed to the newfound flexibility of our workers who have been willing after being downscaled to accept lower paying jobs when those were the only ones available. I fear that France and Germany have yet to see this light. _English Netzine December, 2000

---

2) **Pyrrhic defeat** 피루스의 승리: 피루스(Pyrrhus, 318~272 B.C.) 왕은 에피루스의 왕으로 기원전 280년 로마를 정복했으나 손실이 너무 커서 "이렇게 한 번 더 승리할 것이라면 나는 패배한 것이나 마찬가지다."라고 말했다. 이후 승리하더라도 손실이 커서 패배한 것과 다름 없는 경우에 피루스(Pyrrhic victory)라는 말을 쓴다.

Need for Korea to Avoid Japanese Mistakes

Prior to the 1945 Japanese defeat, Korea was the colony of Japan. Nevertheless, the successful pattern of Japan's 1950-1989 miraculous development had a strong effect on Korea's own 1960-2000 development programs.

This common Japanese-Korean pattern involves importantly the following features, which in degree also characterized the Singapore, Taiwan, and Hong Kong development patterns:

1. Imitating the innovational technologies from North America and Europe, the most advanced industrial regions, the lower-wage Pacific Rim workers, who were mostly well-educated and industrious, applied the imported techniques to produce competitively priced exports to the West. Export-led growth is what broke the age-old pattern of Asian poverty.

2. Special emphasis was placed on an alliance between government bureaucracy and large-scale oligopolist corporations: in Japan the keiretsu and the chaebol in Korea. Lead banks provided these corporate giants with liberal credits and the central preoccupations was on growth in market share without reliance on sophisticated calculations about long-run profitability.

Rather surprisingly, so naive a system did work out quite well for several decades. This despite a hidden vulnerability to over-indebtedness and essential inefficiencies of investment decisions.

Chapter 3_ Lessons from the Asian Financial Crisis

3. A similar ignoring of market disciplines was accentuated by the Pacific Rim beliefs in lifetime employment practices within one corporate structure in defiance of the ups and downs that are basic to any free market system of economy.

It is now history that the peculiar Japanese mode of politics and corporate governance began to unravel after the 1990 burst bubbles in common stocks and in swollen real estate prices. Surprisingly, even though South Korea pretty much continued with the same economic system that turned out to perform so dysfunctionally for Japan in the 1990-2001 epoch, still Korea was able to grow well in this epoch and even to recover from the post-1997 Asian developing nation crisis.

It was the remarkable resurgence of the U.S. economy in the Clinton epoch of the 1990s that served the Asian nations so well. However, by the twenty-first century, America's Wall Street bubble had itself burst. Related to the previous over-investments and over-valuations in the New Economy technological sectors, U.S. manufacturing turned from feverish real growth to actual decline. And, with a lag, weakness spread to America's Old Economy[1] sectors.

Notably, it has been the exporting nations of Asia who have been hit hardest by the deceleration of U.S. GDP growth. Singapore, for example, is already in recession. Taiwan has been similarly impacted.

---

1) **Old Economy** 구경제: 제조업 등 이른바 굴뚝산업을 중심으로 하는 재래식 경제

I believe therefore that Korea should begin to purge itself of the unhealthy features of the Japanese system. Japan's repeated recessions since 1989 and a decade of slump is not at all an enviable example. Moreover, hidden within Korea's own corporate structure are unacknowledged bad loans and vulnerability to insolvencies[2] down the road.

I must stress that this is not an issue of American methods versus Asian methods. Within the advanced West, Germany, Italy, and France still differ from the North American pattern and their citizenry have paid the cost in terms of delayed growth and anemic innovative progress. By contrast, it has been Finland, Ireland, Denmark, and the new Netherlands who have been the frontrunners in euroland's GDP sweepstakes. This is not because these nations have bowed down to American hegemony. Rather on their own they have come to learn that a flexible labor force, which accepts lower real wage rates when the realistic alternative will be no jobs at all, is the preferred path to follow under realistic twenty-first century global conditions.

As I write, the terroristic shock of New York and Washington skyscraper destruction makes it more cloudy to estimate whether an American recovery will begin by the end of this year.

---

2) insolvency 지급불능

However, this new global complication only adds to the desirability of Japan's reforming its ineffective policies. And, as is obvious, the same logic applies for Korea itself. It would make no sense to have to suffer a decade of domestic stagnation before needed changes in ideas and institutions begin to take place in South Korea.

The good aspects of the Japanese development patterns — an educated and energetic work force, emphasis on quality production, avoidance of class warfare union labor relations — all these ought to be continued as in the past. But now is the time for selective pruning back on features inappropriate to the realities of the new century. _English Netzine October, 2001

The Political Economy of Corruption

Corruption is detrimental to healthy development of a society and to fair sharing among a wide populace of the fruits of its economic progress.

Indeed we can group together as harmful processes corruption and cronyism; criminal behavior and domestic unrest; organized gangsterism by interconnected mob members and terrorist acts by religious zealots or bigoted political groups.

In pre-capitalist ages, kings and feudal barons operated outside of the competitive market mechanism. In ancient France the concession to produce salt or matches would be sold or given to loyal members of the Court. When Rome conquered the world, its armies carried with them limited supplies of goods as they ravaged the conquered countryside for food, fuel, women, and work slaves. A victorious general who died poor was regarded as an incompetent.

Let me concentrate on more recent history. After the 1997 Thailand financial collapse had spread devastation to the heavily-borrowing South Korean economy, U.S. and European newspapers were full of stories of "oriental" cronyism. Korean chaebols, and smaller companies too, were persuaded by government bureaucrats and their own lead bank to borrow heavily — both in won currency terms but also in dollar-designated obligations abroad. Mostly these were heavily leveraging short-term loans, unbacked by solid collateral and motivated by the vaguely-worded purpose of "enhanced market share."

Chapter 3_ Lessons from the Asian Financial Crisis

When rescue operations were later sought from the IMF and large foreign investment banks, investigators from such creditors could not be shown carefully documented financial analyses showing exactly where the funds would come from in the future to pay off these loans. A trained graduate in accounting from the Harvard or MIT Business Schools had to be shocked when no computer spreadsheets could be found to justify why loans A and B ought to have been made and why loans C and D rightly were abandoned as unpromising.

It is easy for complacent people in a long-rich country to criticize foreigners newly engaged in climbing up the ladder to a level of productivity and real income half that American level, instead of staying bogged down at one-fifteenth the Western standard. Informed economic historians will know that America and Britain and Germany have not been free of "occidental cronyism." A century ago rich monopolists conspired against the public interest by forming steel cartels, oil monopolies, and other exploitative pools[1]. General Grant's presidency in the 1870s was scandal-ridden; in the 1920s, when the conservative President Harding occupied our White House, the Teapot Dome scandal[2] sent bureaucrats and oil-industry executives to jail for illegal dealings motivated by bribes and politics.

Or consider southern Italy and Sicily. To this day their average

---

1) **exploitative pool** 착취적 매점(買店) 연합 2) **Teapot Dome scandal** 티팟 돔 스캔들: 워런 하딩 대통령이 1992년 와이오밍 소재 해군 저유소 토포트 돔을 내무부 관할로 옮기고 이에 대한 독점 사용권을 매머드 석유회사에 불법 허가한 사건

incomes remain relatively low, in marked contrast to the leap forward of America' s South in our last century. Why the difference? Organized crime (the "mafia") by use of force — murder, kidnappings, blackmail, and arson — choked off successful Sicilian development.

Korean readers today will have heard about America's Enron scandal. It is a sad chapter in our economic and political life when the largest corporate bankruptcy in world history occurs. Bad luck only? No. No. Enron executives lobbied, spending billions to elect and influence government officials. Naturally this resulted in laws about favorable to Enron accounting transparency and deregulation of energy pricing. Worse than that, false pictures about ever-exploding profits captured investors' billions. The thousands of Enron workers were coerced to keep their pension assets in Enron company stocks. While top Enron executives were stashing away millions and billions, the employees ended up with worthless stock certificates.

Will all the guilty parties go to jail? Almost certainly not. Will some go to jail? Perhaps, but maybe only a few. Remember it was Enron money that helped buy legal deregulation of energy, helped buy deceptive accounting rules, helped buy a cover-up of the fact that Enron trading had become grossly unprofitable.

To an economist, corruption involves greater sins than A, B, and C unfairly losing money to Y and Z. Corruption destroys efficient allocation of scarce total labor, land, and capital resource to produce the consumer goods people need and want and to produce the future capital goods that effectuate economic growth and progress.

Only Stalin and Mao are worse enemies of the just and productive society than are the agents of corruption and lawlessness. A democracy may hope, eventually, to replace a Stalin or a Mao by the electorate's chosen representative leaders. Corruption, by contrast, is the worm that works underground by night (and day, too!).

Careful enforcement of careful laws, insisted upon by vigilant majority voters, is the only effective way to reduce corruption to the attainable minimum. _English Netzine March, 2002

Korea's Most Important and Difficult Future Economic Decision

A country can learn some from its own experience. But it can learn even more from the experience of other countries. Forty years ago Korea, newly liberated from colonialism, imitated mostly the Japanese patterns of growth and development. Early on, that model of export-led growth and bureaucrat-capitalist cronyism worked pretty well for both nations.

However, since 1989 Japan has paid dearly in economic stagnation for the basic faults in its system of economic organization and corporate governance. Fortunately, South Korea has had some success in weaning itself away from the dysfunctional Japanese weaknesses: away from lifetime employment expectations within the same large oligopolistic firm; away from covering up bad-loan insolvencies rather than facing up to them.

My suggestion here is that (1) Korea take seriously Schumpeter's concept of creative capitalistic destruction.

Korea can (2) perhaps benefit from Britain's bad experience for growth and standard of life during its pre-Thatcherism laboristic economy, characterized by strong, activistic, and inflexible trade unions.

(3) By contrast, the American-like pattern of the 1990s, which has been gradually adopted in the European Union's dynamic

Chapter 3_ Lessons from the Asian Financial Crisis

economies — such as Ireland, Finland, Netherlands, and Denmark — has enabled them to forge ahead relative to the traditional France, Germany, and Italy.

(4) Finally, in the disappointing era of 1945-1980, Latin America was characterized by populist democracy[1], chronic hyperinflation, faltering real wage growth, and periodic military dictatorships. However, in the last ten years the one country of Chile has stood out for its relative economic success. Paradoxically, after the fascistic Pinochet dictatorship was ended by a popular referendum, Chile's totalitarian evils were terminated but at the same time the economic reforms of the "Chicago Boys[2]," which had increased Chile's dependence on the market mechanism, were largely maintained and improved upon.

Consider in detail two lessons from the U.K. in 1850 it had been Number One anywhere. In 1900 Britain was in second place. Then, from 1960 to 1979, the U.K. had fallen from third place in the thirteen most affluent nations all the way down to twelfth place. (I quote from Professors Card of Berkeley and Freeman of Harvard: the post-Thatcher U.K. reform process "has succeeded in making the U.K. more market-friendly than its European competitors... [halting] relative declines in GDP per capita... [and] unlike its EU competitors, Britain was able to achieve high employment-population rates with rising real wages for workers.")

---

1) populist democracy 대중영합적 민주주의 2) Chicago Boys 시카고 보이즈: 시카고대학 경제학과에 유학한 칠레 경제학자들로 신자유주의적 경제개혁을 피노체트에게 제시했다.

Why do France and German lose ground? Their people work less hours per year. By contrast to Denmark, where necessary layoffs are not opposed by unions, inflexible German and French labor relations inhibit the cutting-of-losses inevitable in a dynamic globalized world. Many a short-run union victory there only speeds up the process of having production shift permanently to elsewhere.

Let me be concrete. Consider a Korean chaebol that is really bankrupt. No domestic investor group will bid to take it over and maintain its employment. A large U.S. producer will want to bid for it if (1) the price discount is steep enough, and (2) its excessive labor force can be laid off. Suppose though that the union threatens a strike; maybe even threatens it will work toward a general strike and encourage warmhearted university students to riot in the street. Surely the would-be foreign investor will walk away from the deal.

Then what? Surely there will be political pressure for the government to use its money to try to carry on; or to find new funds for buying out the defunct management, and then to try to reopen operations.

Here we can learn from post-Mao China and post-Stalin Russia. Real economic progress that reaches down to improve living standards can come only when the huge state enterprises somehow get replaced by market-responsive new operations.

Chapter 3_ Lessons from the Asian Financial Crisis

What is needed is not "creative capitalistic destruction" à 1941 Schumpeter, but rather creative socialistic destruction à Putin and Lee Ping.

This raises a hard, but important, question. Is modern Korean society capable of making the tough decisions that will be needed from a long-run point of view?

We have just seen that Argentine society was too frail to carry out its plan to break the back of chronic and galloping inflation by a peg of its currency to the U.S. dollar. In the beginning its international reserves permitted a one-to-one match between the domestic peso and the foreign dollar. However, unrealistic wage bargains and poor productivity performance necessitated recourse to fiscal-deficit spending. Canny foreign investors comprehended that it would be risky to continue investing into Argentine. Argentineans could themselves comprehend that their "dollar" bank deposits might not be able to be honored in the future. Naturally then they created runs on the banks, preferring instead to horde gold or actual U.S. currency or to invest their nesteggs in Swiss or world common stocks and bonds.

In the end Argentina did collapse utterly. The dollar peg was abandoned. Currency depreciation accelerated, and rioting voters lost much of their lifetime savings. Politicians lost their jobs. New officeholders were incapable of converting the scrambled eggs back into their original shells.

If South Korea turns out not to be able to achieve the market flexibility of Britain, Denmark, Finland, or the Netherlands and the U.S., in all likelihood she will not incur an Argentinean disaster. But instead hers will be a slower rate of economic income growth than Korea's educated labor force is capable of. That would be a pity. _English Netzine **May, 2002**

Chapter 3_ Lessons from the Asian Financial Crisis

The Promises and Challenges of Free Trade for Korea

Economic history demonstrated in the last half of the twentieth century that nations on the Pacific Rim could benefit much from global free trade. Japan's post-1950 miracle growth was the first dramatic example. Then came the cases of South Korea and Singapore, Taiwan, and Hong Kong.

Two blades of the scissors cut sharper than only one. By contrast with emerging East Asia, and during the same decades of this region's strong growth, most nations of Latin America resisted freedom of trade. Instead they favored "import substitution," by means of protectionism and subsidizing home industries even when these could not compete cost-wise with competitive world prices.

Were protectionist Latin Americans rewarded by their ideology and their protectionisms? Definitely not. Argentina, Paraguay, Peru, and Brazil were disappointed by slow growth and even stagnation. The Soviet Union's satellites in Eastern Europe suffered a similar sad fate. The case of Chile is interesting. After Chile embraced the global market system, it became one of the success stories of Latin America.

Today the World Trade Organization admits membership to China and other former state-run economies. In parallel with the WTO program of universal free trade have been regional trade pacts: the European Union's Common Market; NAFTA, which wiped out tariff barriers between the USA, Canada, and Mexico.

Can a poor nation like Mexico benefit from trading freely with the U.S. super power? History has answered that question decisively: Most of the gains from NAFTA have gone to Mexico and not to the U.S. But actually all three members of NAFTA have been helped by it.

This brings us to South Korea. You have been forging a bilateral free trade pact with Chile. Hopefully that will benefit both of you. Generally economists everywhere applaud this initiative.

This does not mean that Korea is widely hailed as a free trade zealot. Even reclusive Japan, whose early pattern of development Korea early imitated, is thought to be more enthusiastically embracing an FTA with the Association of Southeast Asian Nations (ASEAN), along with one-time Maoist China.

If my opinion is asked, I have to reply: "Yes, South Korea can hope to gain by stepping up its openness to global trade (two-way openness, involving both imports and exports)."

I believe this implies that Korea need not choose between opposing alternatives: the WTO global approach or a series of regional trade pacts. Both approaches can together be pushed with advantage for your 2002-2010 growth and productivity prospects.

Chapter 3_ Lessons from the Asian Financial Crisis

Koreans can be proud that you have survived the post-1997 Asian financial crisis more successfully than Japan has and more successfully than most of your neighboring rivals. Congratulations! Help from the IMF and adherence to its conditions for that help have accelerated Korean recovery rather than impeding that recovery.

But present and past successes do not mean you can now become complacent and rest on your rowing oars. Do avoid the bad post-1989 example of Japan in this respect.

For better or worse you have opted to be a player in the modem competitive world of mixed global capitalism. That system's markets can be very rewarding. But also its markets can sometimes become very punishing.

China and India, each with over a billion population, are new competitors in the global division of labor. Like Korea in the 1960s, they bring to the fray a low-paid labor force that is capable of becoming better-trained productive agents and it is with them that your higher-wage employees must compete. Statistical evidences highly suggest that recourse to protectionism at this stage of Korean development cannot succeed even temporarily in sustaining and elevating average real earnings of the South Korean people. (Remember how Japan's real incomes have stagnated since 1990.)

As your old chaebols have declined in relative importance, autonomous new Korean enterprises (sometimes in joint cooperation with foreign firms like General Motors) have flourished. As a result, both canny U.S. investors and domestic Koreans have these last few years fared better with Korean shares than with U.S. or European shares. This rise in foreign investments and Korean credit worthiness has not been at the expense of Korean home prosperity but rather has been one contributor to that prosperity. Stay the course with those strategies that have out-performed older populist militancies. _*English Netzine* December, 2002

Chapter 4

Keynes or Friedman?

How Globalization Promotes Inequality and Mitigate It 282
The Uncertain Post-Iraq Global Economy 285
A Longish and Deep Slump But Maybe No Depression? 288
Danger of a Slow Recovery? 291
Warning: Bad and Lasting Unemployment Ahead Globally 294

How Globalization Promotes Inequality and Mitigate It

The late esteemed Nobel Laureate in economics, Simon Kuznets, enunciated famous law. Kuznets' Law. (1) Backward poor societies tend to suffer much inequality. (2) However, when they emerge out of poverty and into development, inequality first becomes even worse. (3) But when that society reaches modern development, there is some systemic return back toward greater equality.

Alas, economics is not, and cannot be, an exact science like physics or mathematics. Kuznets' Law, before and after that great historical statistician died, began to be rejected by the bald facts of economic history. Once the popularity of New Deal and Social Democratic party[1] politics began to wane, recent decades in the advanced economies of North America, Western Europe, and the Pacific Rim have seen strong winds blowing towards greater inequality in most market economies.

One dramatic fact is illustrative. Fifty years ago an American CEO of a large corporation averaged a wage about 40 times the wage of a median employee. Now that number is almost 400 times — a tenfold jump. Gini statistics of inequality reveal a somewhat similar trend for Germany and even for Scandinavia.

---

1) **Social Democracy Party** 사민당: 19세기 후반 마르크스주의자들이 창당한 독일의 정당

However, it is at the same time true that the well-being of the poor in the high-productivity regions has grown and continues to exceed the real incomes of the poor in poorer societies. Thus, "The rich get richer and the poor get poorer" is an inadequate summary of modern global trends.

Once a poor society begins to develop, it does benefit enormously from the presence around it of higher-productivity regions. Not only can it hope to import some of their advanced technology, but also the laws of comparative advantage as applied to international trade do mandate that outsourcing from the advanced world will tend to provide an upward trend of market-clearing real wages in the emerging society. From Japan to Hong Kong to Singapore and Korea export-led growth has been the common pattern.

A recent important National Bureau of Economic Research[2] report by the Columbia University economist Xavier Sala-Martin documents this more cheerful hypothesis. I quote a few lines from this lengthy 2002 study.

In the last twenty years "poverty rates declined substantially." The global number of persons in the category of real income less than $1 per day declined by 235 million.

....

The worst performer was Africa where poverty rate increased substantially.

....

2) **National Bureau of Economic Research** (미국) 국가경제연구소: 미국의 비영리 사설 경제연구소

We estimate nine indexes of inequality implied by our world distribution of income. All of them show substantial reduction in global inequality during the 1980s and 1990s.

How is this last sentence possible? Just reflect that more than two billion of the world's population live in China and India. And after these giant nations had made their peace with the new global economy, real incomes there did leap forward — much as happened earlier in the Pacific Rim.

One understands why the have-nots in Africa and the Middle East are resentful of the developing and developed world. Naturally idealistic students from affluent Western cultures protest in the street against globalization. It shocks them when children do sweatshop work in polluting environments. But they fail to take into account what would happen to median real incomes in those regions if protectionist measures moved their jobs back to the more affluent societies.

Do I believe all is well globally? No. Democratic nations must learn how to weight the Modern Mixed Economy between laissez-faire market mechanisms and public policies toward regulation and amelioration of those worst inequities that would be inevitable under libertarian free markets. This is one person's opinion after a long career as an academic economist and above I have presented some of the evidence generating it. _English Netzine October, 2002

Chapter 4_ Keynes or Friedman?

The Uncertain Post-Iraq Global Economy

The United States and United Kingdom's overpowering military action against Saddam Hussein's control of Iraq has paralyzed normal economic forecasting. Whenever the invasion was reported to be going well, the U.S. dollar and Wall Street share prices rose. When the advance to Baghdad slowed down, the euro and yen gained on the dollar.

Now we know that there will be no lengthy war in the Middle East. Nor will there be extensive burning of oil wells and soaring prices of energy. On the contrary, what seemed recently as a shortage of oil will apparently be turning into an oversupply. This does rule out one adverse factor that could have depressed global economies everywhere.

Does this ensure a strong 2003-2004 American locomotive that will stimulate strong growth in Europe and the Pacific Rim? Not necessarily. Be reminded that what brought on the U.S. recession of 2001 was the bursting of Wall Street's gigantic 1995-1999 speculative bubble. Spell that event with large letters: BUBBLE.

An important lesson from the economic history of the last centuries is this: A large up bubble does tend to be followed by a larger than average down bubble. Profit growth turns into losses and slower growth. An overhang of excessive capital capacity, caused by the speculative foolish investments that turned out to make no true economic sense, must discourage new further

285

investing, and it makes both bank lenders and corporate borrowers extraordinarily risk-averse.

You don't have to take a college course in economics to understand this. All you need to do is look at Japan before 1990 and since then. That Japanese powerhouse, which was contending to equal and surpass the American leader, has for more than twelve years been turned into a paralyzed and frightened hospital case.

Because economics cannot be an exact science, I cannot tell you whether America is about to go back into a double-dip recession[1]. I can guarantee that a serious U.S. recession would push anemic European Union countries like Germany, France, and Italy into definite recession. For a still-fast developing economy like South Korea's, that would likely cut more than five percent per annum growth down to three or four percent numbers.

Most of the Asian miracle development — including that of China and India — is still dependent on export-led stimulus. That is why any farsighted Korean leaders should stay focused on future home-based sources of stimulus.

Experienced forecasters — in the U.S. government, the Federal Reserve, and academic economics departments — guess that by the last half of this year our growth rate is likely to be 3% rather than 1%. I would agree with this if forced to make a bet of my own money. However, there are two special economic reasons why right

---

1) **double-dip recession** 더블딥, W형 경기침체: 경기가 일시적으로 회복을 보이다가 또다시 침체에 빠져 W자 형태를 나타내는 경제현상

Chapter 4_ Keynes or Friedman?

now that normal business cycle pattern might be deceptive.

Reason one has to do with the outlook for U.S. jobs. Modern corporate governance has turned ruthless; and much of today's technical productivity growth takes the form of using fewer workers to do the tasks that used to require more workers. This explains why our layoff rates do remain abnormally high and why our rate of unemployment is reported to be rising.

Reason two concerns the slack growth trend of business profits. Wall Street yearns for a strong profit upturn. However, the U.S. recovery just ahead could well turn out to involve disappointing profits. This of course would be bad both for Wall Street recovery and for buoyant new investing in plant, equipment, and inventories. In turn what turns out bad for Wall Street can eventually erode away the spending habits on Main Street and thereby slow down overall real GDP growth.

Alas, America does not have in President Bush's White House a smart and sensible team like that in Chairman Alan Greenspan's Federal Reserve. Maybe, just maybe, post-war U.S. voters will beat some sense into the now jubilant Bush team?

The rightists in the Republican Congress and in President Bush's Cabinet are fixated on one wrong goal, namely selective large tax reductions targeted towards those of us already most affluent. That is faulty economics. _English Netzine_ May, 2003

A Longish and Deep Slump But Maybe No Depression?

One big question dominates today's economics: Is it at all likely that America and then the wider world are entering into a long recession like Japan's since 1990-2008? The truly wise economists at elite universities, central banks, or leading consulting firms cannot give a yes or no answer to this question. (Economics can never attain the extreme precision of astronomers who record orbits of planets and comets.) I believe the most useful answer to be given at this time approximates to the following words.

Because the aftermath of the burst bubble in real estate and housing is so connected with frozen unknown credit losses, the world will have to be lucky indeed to have macroeconomic slow down for only the year 2008. Maybe it will not be until 2009 that the many bankruptcies and mortgage foreclosures abate. Even if global equity prices recover before that time Main Street levels of production, unemployment and lost wealth could still be faltering into 2010.

Why this pessimistic, but not ultra-pessimisti conjecture? Here are the main reasons.

1. Houses, condos, office buildings and factories are all durable items that take a long time to build and replace. In history that's tended to lengthen out their business cycle fluctuations even when there existed no new nefarious "securitized mortgages[1])" and complicated packets of non-transparent asset-liabilities.

Chapter 4_ Keynes or Friedman?

After the great stock market crash of October 1987, investors quickly lost 25% to 50% of their wealth. Overnight they knew they had become poor. By contrast, when your house becomes unsellable at a bargain price, say 35% below what its price had been at the bubble peak, human nature leads you to delay taking your inevitable loss. This too lengthens any slump.

2. Japan is a worst case example. Her corporate leaders freeze up and do nothing when production orders melt away. The big corporations lay off almost no one. That's not what happens these days in Western Europe or North America. Already General Motors and Ford are pruning their labor forces drastically. This deepens short-term slumps, but it helps speed up time to recovery. Not being an expert on the Korean economy, I dare not speculate on whether South Korea will be flexibly activistic like say Finland or Ireland. Or be like your Japanese neighbor, a bit slow in adjusting.

3. Finally I come to the most important institutional-political change in today's global Mixed Economies. The 1929-1939 Great World Depression was so deep and lasted so long because at that time conservative heads of state refused stubbornly to initiate strong and persistent programs of public deficit spending and central bank credit expansion.

---

1) securitized mortgage 주택저당채권의 유동화: 주택저당채권을 유동화 증권으로 만들어 유통하는 것

Anyone who reads the financial pages of the last several months will know that first the European Central Bank and then the U.S. Federal Reserve teamed up with the Bank of England to help untangle the financial mess that unregulated investment banks and hedge funds had got themselves into.

CEOs everywhere were awakened painfully from their slumber during which their financial engineers had been losing up to 50% of corporations' net worth. Neither Milton Friedman nor Austrian libertarians like Friedrich Hayek had dreamed of the messes that unregulated capitalists could get themselves into.

What maybe will shorten any upcoming slump is the unpopularity of George Bush's conservative Republican party programs. Voters will ensure that governments in most places lean strongly against adverse macro winds. _ybm english May, 2008

Chapter 4_ Keynes or Friedman?

Danger of a Slow Recovery?

How soon will President Obama's program for a U.S. recovery swing into effective action? That is the big question. Right now there may be too much unrealistic expectation of an optimistic quick fix for a quick recovery. Yes, Barack Obama proved himself to be a dynamic presidential candidate who could inspire and lead.

Yes, President has recruited a first-class economic policy team. That team has already articulated sensible centrist, long-term goals: creating new jobs that will help rebuild our decaying road systems; providing workers and capital for a serious better environmental and energy system; and much else.

Long-term programs must, however, have slow beginnings. Millions of needed alternative-energy-sources jobs cannot be rationally recruited during Obama's first years.

This means that both short-term stimuli and long-term ones are immediately needed. President Hoover's lethal fault was to stay inactive from the day of the October 1929 stock market crash until the 1932 presidential election.

As a result the mild 1930 U.S. recession metastasized into the cancerous Great Depression. President Obama should avoid that mistake. We will have to pursue multipronged spending programs that put immediate money into the pockets of consumers, business and investor spenders.

Alas, most forecasters expect our recovery will begin by the last half of this year. For mild recessions that could have been a plausible guess.

But after eight years of Republican mismanaged macroeconomics, Obama and Main Street inherit abnormal times: interest rates are prohibitively tight whenever riskiness is feared. That kills the potency of orthodox central banks.

The late Milton Friedman believed that the Federal Reserve could have easily ended the 1930-31 slowdown. In this belief he was wrong, dead wrong. Nevertheless most of today's macroeconomists under the age of 60 were brainwashed by the Friedman rhetoric. Alan Greenspan should have known better. Even Fed chief Ben Bernanke as a youngster at MIT wrote a Ph.D. thesis on the Great Depression that put too little emphasis on dangerous "liquidity traps" that actually emasculated the potency of central banks in the decade of the 1930s.

Of course, lowering high interest rates could be useful in depressed times. President Roosevelt's New Deal learned in its first months that the "good banks" they insured and allowed to open up after the initial closing of all banks *had been good banks primarily because they had been investing in near-zero-interest rate Treasury bills*, rather than lending to risky "productive" businesses. Back then, *all* businesses looked risky and most were risky.

Chapter 4_ Keynes or Friedman?

Ancient history? Not at all. Everything now looks too risky in the eyes of banks and insurance companies and venture capitalists. Glaciers melt slowly. Similarly, it may take years to restore trust in the creditworthiness of consumer and investment borrowers. Don't look for emphasis on realistic "liquidity traps" in the thick Friedman-Schwartz treatise on money[1]. Instead a generation of macro scholars swallowed Friedman's innuendo that "Money matters," and "Money alone matters," are both true.

Congressional supporters for the Obama recovery program — Democratic, Republican or Independent — must therefore unlearn the lessons of Ronald Reagan's 1980s. Government is not the problem. Unregulatedprivate markets are the worst enemy of an enterprise system. _ybm english February, 2009

Warning: Bad and Lasting Unemployment Ahead Globally

President Bush left both Wall Street and Main Street in a dangerous meltdown. His rash Republican deregulation of banks and corporations spread abroad. No economies were spared.

Hopefully the new popular President Obama and his excellent appointed economic team will act fast to rescue slumping Main Streets everywhere. I applaud hope and activism to reattain a needed centrist, rationally-regulated financial system.

Also, each passing day brings headlines of new grievous market losses and also stories of diehard conservative opponents who bend every effort to frustrate rescue policies by government.

I was one economist who did early expect the financial meltdowns to come close to being as malignant as the 1929-1939 Great World Depression itself. I scorned the comfortable consensus statistician's view that, by the last half of 2009, the U.S. and global economy would begin to recover.

Such wishful-thinking myths were generated in part by the odd fact that while Wall Streets burned, unemployment was at first slow to explode upward; and real total output did continue to avoid negative growth rates. Strangely, instead of spiking downward, the dollar exchange rate rose because the U.S. was thought to offer a "safe haven" for frightened investors.

---

1) Friedman-Schwartz treaties on money 밀턴 프리드먼과 그의 동료 안나 슈워츠의 공저 '미국 화폐사(A Monetary History of the U.S.)'를 말한다.

Chapter 4_ Keynes or Friedman?

Well, now as I write, job losses are painful everywhere. Retail and wholesale bankruptcies have exploded upward. And the statistical evidence warns that this is only the beginning of a hurricane still to come and continue.

Realism and my knowledge of the 1930's Great Depression makes me forecast that the years 2009-2011 may all be years of slump. Orthodox central bank programs by the Bank of England or by the Federal Reserve Bank, had lost potency by March 1933. This time near-zero safe interest rates already prevail universally. Such a "liquidity trap" mandates that most spenders will become hoarders.

Moral: If Samuelson is not wrong, Koreans rich and poor will abjure spending on risky ventures. Now is the time to "take in sail" and strive to non-spend and non-invest in anything involving risk.

The Korean government, *and only it*, can manufacture credit and create new money expenditures not (!) backed by new tax revenues. When one has to resort to such necessitated non-orthodox fiscal practices, older economists will protest. But if this is your only salvation, do ignore their protests.

Also these types of rescue operations may generate some Korean price-level inflation. With that will likely come some depreciation of the Korean won currency rate. (That might even help your employment rate a little.)

What I have to advise to your Korea, must also be the best advice for economies elsewhere in Asia, Europe or for North and South America. Why should Korea adopt many of the unpopular unorthodox policies advocated by MIT's Professor Samuelson? The 1933-1939 recoveries of two score different economies, not being rescuable by central bank programs, did get rescued by 1939 mainly by the unorthodox deficit spending policies that I have described.

Too few present-day macroeconomic experts in their 50s could escape the misunderstandings propagated by the late monetarist Milton Friedman. Alas! His influence was both vast and alas harmful for reactivating economies suffering from serious recession. Let's correct those mistakes. _ybm english_ March, 2009

Chapter 5

New Asian Economic Trends

Reconciliation among East Asian Nations Leads Prosperity   298
Why Modest Appreciation of China's Yuan Might Be a Net Benefit   301
China and America: Future Rivals or Co-partners?   305
New Likely Asian Economic Trends   308

Reconciliation among East Asian Nations Leads Prosperity

In North America, Canada, the United States and Mexico are united in a customs union, NAFTA. This approximates to zero-tariffs, zero-quotas and free trade within that vast common area.

The European Union, or Common Market[1], unites most of the countries of Western and Central Europe in a customs union that aims in principle for free trade both in goods and services. Moreover, the European Monetary Union[2] set up at Mastricht skips ahead of NAFTA, in that it aims for a single European Central Bank (in Frankfurt) and a common euro currency and coinage for eleven to fifteen EU country members.

Progress invites imitations. Diverse Latin American countries wonder whether they might not evolve a free-trade customs union involving Brazil, Argentina, Venezuela, Colombia, Peru and Chile.

What about East Asia, which in the last half century has evolved into a significant fraction of total global output? Why should it be different? Why left out?

Is the time ripe for a common Asian money unit, applying to Japan, South Korea, Taiwan, Singapore and also perhaps to Indonesia, Malaysia, the Philippines and Thailand? And encompassing in the later future, perhaps, China, India and Pakistan?

---

1) **Common Market** 유럽공동시장(European Economic Community)의 별칭. 1958년 발족.
2) **European Monetary Union** 유럽경제통화연맹: 유럽연합(EU)의 통화 통합

Chapter 5_ New Asian Economic Trends

I am not a professional "futurist" but I must express some doubts and cautions. These do not arise from subconscious bigotries of occidental snobbishness and resentment against rival races of color. When the euro was first discussed, I was one of the world experts who wrote critically about how imperfect it would likely work out to be. My cold-blooded analysis calculated that America had little to lose, in the short and long run, if the euro takeoff did turn out to be highly successful for EMU members.

My cynical guess was that a one-shoe-must-fit-all policy of the European single currency and single central bank would create serious problems for the diverse European economies. And that has been confirmed by subsequent 1999-2000 events.

I now go beyond narrow economic mechanisms to deep psychological realities. Back when the Japanese bubbles were still creating an illusion of superior growth performance, Japanese political and business leaders began to be arrogant, boasting of new and superior Nipponese management methods: decision-making by unanimous agreement; no preoccupation with tomorrow's stock market quotations and shareholders' interests; concentration on market shares in the long distant future, at no matter what sacrifices of profitability or even financial solvency; deep-pockets investing, which enabled grave mistakes to be perpetuated for a long, long time. With Japan's burst of land and share-price bubbles in 1990, followed by a whole decade of her stagnation in GDP growth and insolvency clean-up, such talk has evaporated into thin air.

What all this reminds us is that there is still diversity and rivalry among the East Asian nations. They export more to the West than they do to each other. China and the regions conquered when Japan endeavored before 1945 to create imperialistically a Greater Prosperity Zone[3] have not yet reached harmonious coexistence with Japan. In contrast to Germany which faced up to its Nazi past, the Japanese populace and politicians have not yet similarly acknowledged the excesses in its former conflicts with colonial Korea and Chinese Manchuria.

All this will improve in time. Ultimately Japan and China, and maybe India too, can forge genuine ties of reciprocal Asian well-being. Gradually ancient bitter memories in Korea will fade. Eventually, perhaps, I shall be able to write realistically and sympathetically about a Greater Asia Free Trade Zone and maybe even about some kind of a common Asian currency and coinage. But now is now and caution is in order. _English Netaine October, 2000

---

3) **Great Prosperity Zone** 일본이 아시아 식민지를 대상으로 구상한 대공아공영권

Chapter 5_ New Asian Economic Trends

Why Modest Appreciation of China's Yuan Might Be a Net Benefit?

China with its vast population has become an important force in the global economy. The pattern of fast export-led development that propelled forward Japan and South Korea in the 1960-1990 period is now being reenacted in China.

If the global economy had been now enjoying a healthy level of full employment without inflation, then China and the newly developing India would be a clear plus for the rest of the world. But now, in mid-2003, the globe is not universally enjoying plentiful job opportunity.

Therefore China's automatic depreciation of the yuan in line with the declining dollar, modifies the notion that the rest of the globe benefits unequivocally from China's rapid growth development.

Back during the 1930's Great Depression, an aggressivenation that ruthlessly depreciated its currency was regarded as pursuing a "beggar-my-neighbors[1]" policy. That same criticism is beginning to be applied to China: her locomotive, instead of pulling the rest of the globe's societies forward, becomes a headwind holding back the rest of the world.

---

[1] beggar-my-neighbors policy 근린 궁핍화 정책: 다른 나라를 희생시켜 경제적 이득을 얻으려는 보호무역주의 정책

Why is the yuan depreciation more damnable than America's alleged new abandonment of the Clinton "strong dollar" policy? First, the dollar had been strong against the new euro not because the U.S. government used to be following a "strong dollar" strategy. The Wall Street 1995-2000 bullish bubble[2] attracted funds into the dollar.

Therefore what explains the recent dollar depreciations is not Machiavellian[3] cleverness on the part of the Bush White House team. The post-bubble 2001-2003 weakness of U.S. business activity is the deeper cause of recent dollar depreciations.

When (and if!) the American recovery becomes as strong as Chairman Greenspan and Republican economists have been proclaiming it will, then the dollar will likely float upward under the pressures of private demand and supply. One wonders whether Chinese bureaucrats will at such a time still be delighted with their peg to the dollar?

China itself is a strange political entity. Yes, it has increasingly been dependent on private market mechanisms. But, at the same time, it retains tight bureaucratic controls on its macro economy. Free market forces — cool international investors and aggressive speculators — do not control the exchange parities of the yuan against the dollar or euro or won.

---

2) **bullish bubble** 강세장 거품: 주가가 지나치게 오르는 증권시장의 과열현상 3) **Machiavellian** 책략적인, 권모술수적인

Korea, and in a measure America, are in a different position from mainland China. As the won has recently been gaining on the yuan and dollar, that disappoints South Korean leaders. But they can't do much to change that. Right now, so long as foreign funds move favorably into Korea, the won will appreciate — even though that can hurt job opportunity in Korean manufacturing export sectors.

South Korea is beginning to learn the painful lesson that Japan had to learn after the 1980s. Once a nation succeeds in achieving a considerable degree of development, in its own self interest it will have to become less dependent on export-led stimulus.

Bureaucrat-corporate cronyisms that could be tolerated in earliest stages of economic development become a concern in later stages and will need to undergo ruthless reforms.

In many parts of the world, the Japanese fears from deflation and "liquidity traps" have loomed up with some importance. Were this to begin to afflict Korea, it will be proper macroeconomic policy to expand the local money supply and also to contrive budgetary fiscal deficit spending.

Will such policies tend toward some inflation rather than some deflation? Yes. That is their purpose. Will such policies tend to depreciate the won? Yes. And that is precisely the circumstance when South Korea like America now, should selfishly want to have some currency depreciation.

Reforming China asked to be admitted to the World Trade Organization. Finally she was let in. But that does not convert her hybrid one-party combine of bureaucracy and private market mechanisms into a society like most of the nations in the present world. Probably future China will be less of an alien exception than she is now. But only time can tell how she will evolve.

_English Netaine September, 2003

3) Catherine the Great 에카테리나 여제: 러시아 여제

China and America:
Future Rivals or Co-partners?

For 40 years, the U.S. and the USSR were two super powers engaged in a continual Cold War. Military parity between the two was assured because both possessed a superabundance of atomic bombs. By contrast to power politics, in economics the Soviet Union never could boast even one-half of America's real total output. Why not?

Communist bureaucratic regulation of an economy is inherently more inefficient than supply-and-demand market mechanisms. Mao's failure in China, Castro's in Cuba, and North Korea's stagnation confirm this same lesson.

Today China has replaced Russia as the primary rival to the U.S. This time Mao's successors have placed major reliance on profit-seeking competitors. Without doubt, by 2020 or 2030 the Chinese economy will reach total output parity with the U.S. economy. When that time occurs, average per capita real incomes of more than a billion Chinese will still fall considerably below what Americans will be enjoying.

When the West grows at only 3 or 4 percent annually while China (and maybe India, too) grow at 8 to 10 percent, the future can be predicted in the exact terms of my previous paragraphs.

Actually, China's neighbors on the Pacific Rim fail to realize that right now in mid-2006, China's correctly calculated total real GDP has displaced Japan as the economy in second place to America. Any paradox is dispelled when you take into account that China's population is more than four times America's. There is a popular puzzle. Query: "Where does an 800-pound gorilla sit in the living room?" Answer: "Any place he wishes to!"

We proud Americans must learn the lesson of reality. Rightly or wrongly, we can order many nations on all the continents to follow our examples and ideologies. President Bush's White House acts as if we have those same powers of command over China. Bush is wrong.

If China occupies her one-time province of Taiwan, that cannot be reversed by massive use of our airplanes. If China refuses to let its yuan currency appreciate strongly relative to the dollar, neither our Federal Reserve nor the U.S. Treasury can compel it to do so.

Long ago U.K. economist Keynes summed this up with the following aphorism: "If you owe your bank $1,000, they have you in their clutches. But if you owe them $1 billion, then you have that bank in your clutches." China now does recycle her trade surpluses by accumulating in an accelerating trend lowest-interest U.S. Treasury bonds. That's why a financial crisis has been avoided so far.

Chapter 5_ New Asian Economic Trends

However, between now and 2010, if bad political relations grow up between China and the U.S.A, China's one-party government could overnight precipitate a run against the dollar. Once that began, even patriotic Americans will be frightened into selling U.S. dollars short[1]. What is the lesson? I believe it teaches that no nation has the power to bend the rest of the world to its will. Rome could not do that. Nor could Empress Queen Victoria her British Empire's heyday. Historians will blame Presidents Ronald Reagan and George Bush for the classical fault of excessive hubris — mistaken pride. Already the American electorate in latest poll reports is resenting Bush's imperialism in the Middle East and at home. Hopefully the voters will speak out to have America turn back to policies of harmony and moderation. _English Netaine **June, 2006**

---

1) sell short 공매(空賣)하다: '공매'는 주식이나 상품의 현물이 없는 상태에서 증권회사나 중개인에게 일정률의 증거금만을 지급하고 팔았다가 일정 기간 후에 환매함으로써 그 동안 가격하락 또는 상승분의 차금을 결제하는 방식이다.

New Likely Asian Economic Trends

After World War II, Japan and Hong Kong were the surprising miracle nations for relative growth. Their common pattern subsequently spread to half a dozen other societies on the Pacific Rim. A low wage labor force, if readily educatable, could import the technologies developed in the West by Americans and Western Europeans.

What didn't happen after World War I did occur after 1945. Experienced economists shouldn't have been surprised by this story. Within Europe, Germany had caught up with Britain. In the continental United States, the South drew from the North the textile, shoe and paper industries. Cheaper labor wages, plus an imitable know-how, sparked these trends. In agriculture, the plentiful land in the West after 1850 out-competed farms on the Eastern seaboard.

What Japan and Hong Kong could do initially was soon imitated by Korea, Taiwan and Singapore. These all began with low wages, and astute learners. Export-led growth was the common pattern. The West offered welcoming import markets. The high-saving developing economies generated with the West strong chronic surpluses on current account[1].

---

1) **current account** 경상수지: 국제수지상 실물거래를 나타내는 것으로 한 나라의 국제경쟁력을 나타내는 기본지표

Chapter 5_ New Asian Economic Trends

Why belabor these familiar details? Only to help understand what will be the future effects of China and India.

Unlike Japan and Korea, China and India were long asleep. In China Maoist communists won out militarily. Maoists, like the Stalinist's Soviet Union, replaced market mechanisms by inefficient socialistic bureaucracies.

India's being asleep for more than half a century traces to its infatuation under Premier Nehru with Fabian socialistic[2] opposition to the market mechanism. From Europe and America, India chose left-leaning economic advisers and their advisers perpetuated India's stagnation.

As we look ahead to future globalization between now and 2050, what lessons from the past can we plausibly discern?

Already China has edged Japan out from second place in total real GDP measured in corrected purchasing power units. The day will surely come when a billion Chinese will be producing more total output than 300+ million Americans.

Am I predicting the impoverishment of Americans? Am I predicting the future impoverishment of the Korean or Japanese populace? No, and no.

---

2) **Fabian socialistic** 페이비언사회주의: 1884년 영국 페이비언협회가 주장한 점진적 사회주의로 혁명 대신 의회주의를 통해 점진적 사회주의를 실현함으로써 자본주의의 결함을 극복하자는 것

During the 1950-2006 Asian miracle-growth years, U.S. and EU real per capita GDP's did grow mightily — did grow faster than under pure capitalism[3] of the 19th century. Globalization helped us absolutely, even though it was helping the emerging societie seven more in percentage terms. Knowing this about the past, I have to predict plausibly about the future likely repetition.

China and India will be tougher competitors to their Asian neighbors than they will be to the West.

Still, on balance Korea and like nations will benefit net from importing from China cheaper, good-quality goods. However, the lower middle class and the most unskilled Korean workers will not enjoy most of the Korean winnings from globalization.

Strong trade unions in Korea likely will be weakened by future globalization. Why? Because every union victory in wage bargaining will serve only to speed up the process of outsourcing by Korean firms to associates in China and India.

The challenge to Korean democracy will be to use the tax-and-expenditure fiscal systems to transfer some of the winnings of Korean winners to the many Korean losers. Only if the electorate chooses to do that can that get done. In summary, neither America nor Korea will be "overwhelmed" by the China and India tigers.

_ybm english **January, 2007**

---

3) **pure capitalism** 순수자본주의: 경제의 모든 것을 시장에 맡기는 100% 시장경제

새뮤얼슨 교수 어록

1. Past success is no guarantee of future success.
   과거의 성공이 미래의 성공을 보장하지는 않는다.

   ----

2. Where the old Samurai used swords today's Japan hopes to use dollars and yen.
   오늘날의 일본은 옛날 사무라이가 칼을 사용했던 곳에서 달러와 엔을 사용하기를 바라고 있다.

   ----

3. Economics is impatient and will not wait upon politics.
   경제학은 참을성이 없으며 정치를 시중들지 않는다.

   ----

4. An intriguing paradox of the 1990s is that it isn't called a decade of greed.
   1990년대의 흥미로운 패러독스는 탐욕의 10년이라고 불리지 않는다는 것이다.

   ----

5. Asia's governments come in two broad varieties: young, fragile democracies – and older, fragile authoritarian regimes.
   아시아의 정부들은 크게 두 가지로 분류된다. 젊고 나약한 정부 아니면 늙고 힘없는 독재정권이다.

   ----

6. Companies are not charitable enterprises: They hire workers to make profits. In the United States, this logic still works. In Europe, it hardly does.
   기업은 자선사업체가 아니다. 기업은 이익을 내기 위해 노동자를 고용한다. 미국에서는 이러한 논리가 아직 유효하지만 유럽에서는 거의 통하지 않는다.

7. Economics has never been a science – and it is even less now than a few years ago.

   경제학은 절대 과학이 아니다. 요즘은 몇 년 전보다 더 그렇다.

8. Every good cause is worth some inefficiency.

   뜻이 좋은 일을 위해서라면 어느 정도의 비효율은 감수할 만하다.

9. Funeral by funeral, theory advances.

   장례를 치를수록 이론은 진보한다.

10. Globalization presumes sustained economic growth. Otherwise, the process loses its economic benefits and political support.

    세계화는 지속적인 경제성장을 전제로 한다. 그렇지 않으면 경제적 이익과 정치적인 지원을 잃게 된다.

11. Good questions outrank easy answers.

    좋은 질문이 쉬운 답변보다 중요하다.

12. Investing should be more like watching paint dry or watching grass grow. If you want excitement, take $800 and go to Las Vegas.

    투자는 페인트칠이 마르는 것 또는 풀이 자라는 것을 지켜보는 것과 같다. 재미를 원한다면 800달러를 가지고 라스베이거스로 가라.

새뮤얼슨 교수 추도사 1

글 · **스탠리 피셔**(이스라엘 중앙은행 총재)

폴 새뮤얼슨은 역사상 가장 위대한 경제학자 중 한 명이자 비범한 인물이었습니다.

언론의 부고란에서는 새뮤얼슨을 노벨상 수상 경제학자라고 일컫습니다. 그러나 제가 옛날 남로디지아(Southern Rhodesia: 짐바브웨의 옛 지명)에서 고등학교에 다니던 시절에는 저를 포함한 많은 이들에게 '새뮤얼슨'은 '경제학'으로 통합니다. 이 책을 읽어보면 1948년 그 책을 집필한 새뮤얼슨의 고매한 품성을 엿볼 수 있습니다. 새뮤얼슨은 이론에 얽매이지 않고, 인자하고, 박식하고, 재치가 넘쳤습니다. 그리고 무엇보다도 지극히 겸손했습니다.

새뮤얼슨은 무척이나 심각한 글에서조차 유쾌함과 재치를 드러내지 않을 수 없었습니다. 지금도 고인의 글을 다시 읽노라면 군데군데에서 기막힌 문구를 보고 저도 모르게 웃음보가 터져 나옵니다. 재미있는 얘기를 전하려는 억누를 수 없는 충동은 새뮤얼슨의 다음과 같은 노벨상 수상 연설에도 드러납니다. "옆길로 새서 일화를 하나 말씀 드리려는데 여러분께 관대히 봐달라고 간청 드려도 될까요? 떨리는 마음으로 부탁 드립니다. 수상 연설을 해 달라고 초청 받았을 때 룬드버그 교수님이 진지한 연설을 해야 한다고 귀띔해 주셨거든요." 새뮤얼슨은 곧이어 존 폰 노이만에 관한 두 가지 얘기를 불쑥 끄집어냈습니다. 어떤 이들은 사석에서 저에게 새뮤얼슨의 말은 깊이가 없고 달갑잖게 여겨진다고 합니다. 취향은 각자 다르기 마련입니다. 심각한 주제를 논하면서 재치 있게 자신의 관점을 유지할 수 있다면 훨씬 더 좋겠지요.

이제 남은 시간 동안에는 새뮤얼슨이 신고전학파 종합이론으로 경제정책에 미친 영향과 MIT 경제학과에서의 역할을 논하고자 합니다.

새뮤얼슨이 극찬했던 경제학자 제임스 토빈은 새뮤얼슨의 신고전학파 종합이론을 거시경제학에 대한 지대한 공헌으로 평가합니다. 이 종합이론의 핵심은 재정·통화정책을 잘 조정하면 경제가 완전고용에 근접한 상태로 유지될 수 있다는 겁니다. 그런 상황에서는 최적배분 재정정책과 같은 신고전학파의 모든 논점이 타당성을 인정받아 유용한 정책지침이 됩니다. 그러나 때로는, 지금도 마찬가지지만, 이런 정책은 단기간에 집중적으로 시행해야 케인스 경제이론의 진가가 드러납니다.

실제로 정책 입안자와 정책 고문은 대부분 신고전학파 종합이론을 기본 접근법으로 활용합니다. 대체로 특정 문제를 고찰하기 위해서는 신고전학파의 완전고용 최적화 모델과 결과를 활용합니다. 그러나 불황기에는 거의 완전히 케인스 경제이론에 의존해 정책 조언을 합니다. 그렇다고 사고방식이 단순해서 재정정책에만 몰두하는 케인스 경제학자라는 말은 아닙니다. 감정을 품고 이런 혼합 정책을 받아들이지 못하는 학자들도 있기는 합니다.

케네디 대통령을 비롯한 여러 대통령의 정책 고문으로서, 그리고 거시경제학 해설자로서 새뮤얼슨의 견해는 원칙을 배격하고 자유재량과 거침없는 절충주의를 선호하는 신고전학파 종합이론을 반영합니다. 새뮤얼슨은 존 스튜어트 밀에 관한 논평에서 "자신의 이름이 역사책에 기록되기를 원한다면 유연, 절충, 다작은 가히 치명적"이라고 말했으면서도 그 길을 택했습니다. 새뮤얼슨의 정책적 견해는 이런 절충주의 때문에 세상 이치에 대해 입장이 더욱 강경한 경제학자들의 견해보다 주목을 덜 받았습니다. 그러나 새뮤얼슨은 올바로 하려 했지 절대 흥미를 끌려고 하지는 않았습니다. 1983년 새뮤얼슨은 "내가 절충적인 유일한 이유는 경험을 통해 자연이 절충적임을 깨달았기 때문이다."라고 말했습니다.

새뮤얼슨은 1940년 MIT에 온 이후 최근 플로리다에서 겨울을 보낸 것 외에는 62년 동안 이곳을 벗어난 적이 없습니다. 새뮤얼슨은 절대로 워싱턴에 일주일씩이나 머문 적은 없다고 자랑삼아 말하기도 했습니다. 그는 학자 중의 학자였습니다. 새뮤얼슨이 오고 뒤이어 밥 솔로와 같은 학자들이 합류함으로써 MIT 경제학과와 박사과정은 점차 최고 또는 세계 3대 명문의 하나로 인정받게 되었습니다.

새뮤얼슨은 이런 성공에 결정적 역할을 했지만 위세를 부리지는 않았습니다. 그의 연구습관, 경제학에 대한 헌신, 부단한 노력 – 학사행정은 사양했습니다만 – 학생과 동료 교수들에 대한 개방적 자세, 합리성 추구를 위한 철저한 권위 거부, 경제학과 경제학자들에 관한 토론에 대한 열정, 그리고 그 밖의 많은 것들이 협력과 우애가 넘치는 경제학과를 만들어 냈습니다.

수많은 대학원 학생들이 그의 강의를 듣고 큰 영향을 받았지만 경제학에는 새뮤얼슨 학파도 없고, 새뮤얼슨만의 독창적이고 포괄적인 이론도 없습니다. 이는 새뮤얼슨이 학생들을 미래의 제자라기보다는 동료 경제학자로 대했기 때문입니다. 새뮤얼슨은 대화하기 편했고 논리적으로 설득했으며, 절대 상대방을 비하하지 않았습니다. 동료학자들을 얕보지도 않았습니다. 저는 MIT 교단에 있을 때 이름이 알려지지 않았거나 별로 인정받지 못하는 경제학자의 논문과 함께 "23쪽에 요점이 있는 듯합니다."라고 쓰인 쪽지를 새뮤얼슨에게서 종종 받았습니다. 그러다 보니 논의를 더 해서 결론을 내리고자 새뮤얼슨의 사무실을 자주 찾아가게 되었습니다.

새뮤얼슨 경제학파는 없지만 주위를 둘러보면 그에 대한 기억을 떠올릴 수 있습니다. 새뮤얼슨과 밥 솔로를 비롯한 여러 학자들이 이루어 놓은 MIT 경제학과에서 영향을 받은 훌륭한 경제학자들과 경제계 인사들이 수두룩합니다. 이분들은 새뮤얼슨에게 감사와 애정과 존경을 표시하고자 이 자리에 오셨습니다.

우리 부부는 새뮤얼슨을 알고 지냈던 것을 큰 영광으로 여깁니다. 새뮤얼슨을 만나면 매우 즐거웠습니다. 새뮤얼슨 부부와 저녁 식사를 하면서 이야기를 나눈 것은 매우 흐뭇한 경험이었습니다. 우리는 편지도 자주 주고받았습니다. 새뮤얼슨의 편지에는 언제나 격려와 가르침과 즐거움이 담겨 있었습니다. 이따금 전화 통화도 했습니다. 새뮤얼슨과의 대화는 아무리 바쁘고 어려운 때에도 저에게 활력소가 되었습니다.

새뮤얼슨은 프랑코 모딜리아니의 자택에서 저녁 식사를 하고 방명록에 이렇게 써놓았다고 합니다. "프랑코, 내가 떠나는 날 내 목소리를 못 들은 게 섭섭할 걸세." 프랑코는 1983년 캐리 브라운과 밥 솔로가 편집한 새뮤얼슨의 기념논문집을 새뮤얼슨에게 증정하는 파티에서 연설을 마친 후 자리에 앉아 있는 새뮤얼슨에게 다가가 짐짓 비난하듯 손가락질을 하며 "당신"이라 말하고, 손가락질을 한 번 더 하며 "당신이 우리 삶을 풍요롭게 해주었어요."라고 말했습니다.

정말 그랬습니다. 그렇게, 아니 그보다 더 많은 것을 우리에게 베풀었기에 우리는 폴 새뮤얼슨의 생애에 경의를 표합니다.

―※―

본 추도사는 MIT(매사추세츠 공과대학)에서 2010년 4월 10일 열렸던 폴 새뮤얼슨 교수의 추도식 중 낭독된 스탠리 피셔와 로버트 솔로의 추도사를 본인들의 수정 후 실은 것으로 저작권은 각각 스탠리 피셔와 로버트 솔로에게 있습니다.

by Stanley Fischer

Paul Samuelson is one of the greatest economists ever, and was an extraordinary man.

The obituaries spoke of Paul as the Nobel-prize winning economist. But to many, including me as a high school student in then-Southern Rhodesia, "Samuelson" means *Economics*. To read the book is to have a glimpse of the phenomenal mind that wrote it in 1948 – undogmatic, generous, encyclopedic, brilliant, and most remarkably, not inclined to take itself too seriously. He could not prevent himself from being cheerful and witty, even in the most serious of his articles. Rereading some of his articles after he died, I repeatedly found myself bursting into laughter at some turn of phrase or another. His inability to suppress his urge to tell stories surfaced in his Nobel Prize speech: "May I crave your indulgence to digress and tell an anecdote? I do so with some trepidation because when I was invited to give this lecture I was warned by Professor Lundberg that it must be a serious one" – whereupon he launched into at least two stories about John von Neumann. Critics have told me in private conversation that the Samuelson style is off-putting and not deep. Everyone to his or her own tastes – and if you can retain your wit and perspective while dealing with serious topics, so much the better.

In the time remaining, I want to discuss Paul Samuelson's influence on economic policy via the neoclassical synthesis, and his role in the MIT Department of Economics.

James Tobin, one of the economists Samuelson admired most,

describes the neoclassical synthesis as Samuelson's greatest contribution to macroeconomics. Essentially the synthesis says that with the aid of skillful fiscal and monetary policy, the economy can be kept close to full employment. In those circumstances, all the neoclassical issues, for example of optimal allocative fiscal policy, remain valid and are useful guides to policy. But every now and then – as at present – the emphasis will have to be on the short run, where the Keynesian analysis comes into its own.

In practice, most policymakers and policy-advisers use the neoclassical synthesis as their basic approach. For much of the time, and for thinking about certain problems, we use neoclassical full-employment optimizing models and results. But in a recession, in our policy advice we are nearly all Keynesians – though not simple-minded, fiscal-policy-only Keynesians – even if some find this combination difficult to accept emotionally.

As a policy adviser to President Kennedy and to others, and as a macroeconomic commentator, Paul's views reflected the neoclassical synthesis, a disdain for rules rather than discretion, and an almost shameless eclecticism. This despite his comment on John Stuart Mill: "It is almost fatal to be flexible, eclectic and prolific if you want your name to go down in the history books..." His eclecticism made his policy views less exciting than those of economists with a strong view of the way the world works, but he never sought to be interesting rather than right. He said in 1983, "I am eclectic because experience has shown that Mother Nature is eclectic."

Paul moved to MIT in 1940, and was here for the next 69 years, virtually without a break, except that in recent years he wintered in Florida. He proudly proclaimed that he had never been in Washington for as long as a week. He was above all a scholar. With his coming, and with the later addition of Bob Solow and others, the MIT Department of Economics and its Ph.D. program gradually became recognized as the best or one of the top three in the world.

Paul's role in this success was pivotal but not domineering. His research habits, his devotion to the field, his hard work (though he drew the line at academic administration), the open door policy for students and fellow faculty, his absolute refusal to use authority instead of reason, his zest for conversation about economics, economists and nearly all else made him a role model for a department where cooperation and friendliness were outstanding.

Although many graduate students have passed through his classes and been profoundly affected by him, there is no Samuelson school of economics, no overarching design for economics that is uniquely his. That is because he treated his students as fellow economists, rather than as future disciples. He was easy to talk to; he reasoned with you; he did not talk down to you. Nor did he talk down to the profession. When I taught at MIT I would often receive a note from him, accompanying a paper from an unknown or lightly regarded economist, saying something like "I think he has a point on page 23." This would often be followed by a visit to his office for further discussion, and resolution.

Although there is no Samuelson school of economics, if you would seek his memorial, look around you – for here today are many outstanding economists, leaders in their fields, whose lives have been profoundly affected by Paul Samuelson and the department that he and Bob Solow and others built, and who are here to express their gratitude and their affection and their respect.

Rhoda and I know how privileged we are to have known Paul. A meeting with him was a pleasure; the conversation at dinners with him and Risha was exhilarating; we corresponded regularly, and his letters never failed to stimulate, educate, and amuse; from time to time we spoke on the telephone, and the conversations enlivened my day, however pressing was the business or crisis at hand.

It is reputed that Paul Samuelson wrote in the visitors' book after a dinner at the Modigliani's, "Franco, when I'm gone, you'll be sorry you never heard me speak." Nonetheless I give the penultimate words to Franco, who after the speeches at the 1983 party at which Samuelson was presented with the Cary Brown-Bob Solow edited *festschrift*, walked over to the seated Samuelson, wagged his finger at him, and said in a seemingly critical way, "You," and with another wag of the finger, "You have enriched our lives."

That he did, and for that and for much more, we honor and celebrate the life of Paul Samuelson.

새뮤얼슨 교수 추도사 2

글 · 로버트 M. 솔로(미국의 경제학자, 1987년 노벨 경제학상 수상)

폴 새뮤얼슨 교수와 마지막 대화를 나눈 지 넉 달이 지났습니다. 경제학에 관해 진지하게 얘기를 나눈 지는 더 오래 되었습니다. 안타까울 따름입니다. 새뮤얼슨 교수도 더 이상 저와 얘기를 나눌 수 없게 되어서 아쉬워할 것입니다. 다음 세상이 있다면 '천국의 일류 경제학과'에서라도 경제학에 관해 얘기를 더 나누고 싶습니다.

새뮤얼슨과 MIT 경제학과의 초창기에 관해 잠시 얘기하고자 합니다. 새뮤얼슨과 MIT 경제학과는 여러 면에서 떼려야 뗄 수 없는 관계입니다. 새뮤얼슨은 언젠가 공개석상에서 MIT 경제학과가 세계 최고라는 데는 논란이 있을 수 있지만 세계에서 가장 행복한 경제학과라는 데는 의심의 여지가 없다고 했습니다. 저는 둘 다 옳다고 생각합니다. 그렇게 된 데에는 새뮤얼슨의 위업과 고매한 인격이 중요한 역할을 했습니다.

폴 새뮤얼슨은 1940년 조교수로서 경제학과 교수진 명단에 처음 이름이 올랐습니다. 당시 새뮤얼슨은 스물다섯 살이었으며, 유명한 일화가 하나 있습니다. 새뮤얼슨은 하버드대학의 저명한 원로 교수들 사이에서 오만하지만 혜성처럼 떠오르는 대학원생으로서 수년을 보내고, 하버드 명예교우회(Society of Fellows) 주니어 펠로우로서 3년을 만족스럽게 보낸 후 MIT 경제학과 조교수로 임명되었습니다. 박사학위 구술시험이 끝나자 조셉 슘페터가 다른 시험관들을 돌아보며 "우리 합격했나요?"라고 물어볼 정도로 교수들이 새뮤얼슨의 훌륭한 답변에 어리둥절해 했다는 일화는 매우 잘 알려져 있습니다.

새뮤얼슨이 우리에게 직접 들려준 사연은 이렇습니다. "그 후 한 달 이내에 MIT에서 훨씬 더 좋은 제의를 했습니다. 조교수 자리에 비서와 교수실을 주겠다는 것이었습니다. 의중을 떠보기 위해 이 사실을 하버드에 알렸더니 잘됐다며 축하해 주었습니다. 그것은 답변으로 충분했기에 저는 찰스강변을 따라 3마일 떨어진 곳(MIT)으로 짐을 챙겨 갔습니다."

새뮤얼슨은 공대 학부생들에게 교양과목을 가르치는 것 이외에는 별다른 일이 없는 교양학부에 출강하기 시작했습니다. 당시 새뮤얼슨이 가르친 학생 중에서 2년 전 에릭 매스킨, 로저 마이어슨과 함께 노벨상을 공동 수상한 레오니드 후르비치를 제외하면 알 만한 이름이 없을 겁니다. 그러나 저는 많은 이름을 기억합니다. 밥 비숍은 더 많은 이름을 기억할지도 모르지만, 새뮤얼슨은 좋든 싫든 그 학생들을 모두 기억했습니다. 새뮤얼슨은 학교에서 직급이 한참 낮아져도 개의치 않았는데, 그럴만한 이유가 두 가지 있었습니다. 하나는 이사할 필요가 없었다는 것입니다. 집에서 나와 오른쪽이 아니라 왼쪽으로 가면 되었으니까요. 새뮤얼슨은 자택을 무척 소중히 여겼는데, 그곳을 떠날 필요가 없게 된 것입니다. 두 번째는 이유 연구 아이디어가 풍부했고 어떻게 시작할지 많이 생각하고 있었기 때문입니다. 그래서 활력을 얻고자 다른 사람들에게 의지할 필요 없이 자신의 연구에 전념할 수 있었습니다. 우리에게는 얼마나 다행입니까?

당시 학과장을 역임한 랄프 프리먼은 그 이전부터 그 다음 18년 동안 학과장의 역할을 제대로 해내기 위해서는 전적으로 새뮤얼슨을 만족시켜야 했다고 말한 적이 있습니다. 새뮤얼슨은 그 말이 프리먼과 새뮤얼슨 자신 모두에게 듣기 좋은 말이었다고 답변했습니다. 새뮤얼슨은 결코 많은 것을 요구하지 않았기 때문입니다. 이는 흘려듣지 말아야 할 매우 중요한 사실입니다. 전후 MIT가 경제학과를 신설할 때 대학원생들과 젊은 교수진을 유치하는 데 가장 큰 공헌을 한 인물은 당연히 새뮤얼슨이었습니다. 그리고 정다움과 즐거움이 넘치는 경제학과를 만들 수 있었던 요인 중 하나는 형제애였습니다. 아무도 지위를 이용하려 하거나 더 높이 승진하려 발버둥질 치지 않았습니다. 새뮤얼슨이 여러분의 동료인데 주연 행세를 하지 않아서 여러분이 주연을 맡겠다면 웬만한 강단으로는 힘들 겁니다.

새뮤얼슨은 2차대전 동안 MIT 방사선연구소에 근무했지만 여전히 경제학과 교수진 명단에 조교수로 이름이 올라 있었습니다. 새뮤얼슨은 1944년 부교수로 승진했고, 1947년 정교수로 승진하자 경제학과가 변모하기 시작했습니다. 1949년에서 50년 사이 스물다섯 살이었던 제가 처음 조교수가 되었을 때 모리스 애들먼, 밥 비숍, 캐리 브라운, 조지 슐츠는 조교수였고, 찰리 킨들버거는 부교수 2년차였습니다. 킨들버거는 왕년의 패거리에 자신의 저서를 헌정하기도 했습니다. 우리는 운명적으로 관료의 길을 택한 슐츠 이외에는 아무도 MIT를 떠나지 않았습니다.

제가 경제학과에 조교수로 처음 부임했을 때 경제학과는 14번 강의동 3층에 있었습니다. 아마 전능하신 하나님께서 새뮤얼슨의 옆방에 제 자리를 마련해주신 듯합니다. 지금도 그곳이 제 방입니다. 어찌 보면 우리는 모두 새뮤얼슨의 옆방에 있었습니다. 매일 만나고 항상 점심을 같이 하면서 경제학과 경제 동향을 논하고, 집안 얘기도 하고, 다른 학교의 어리석고 고루한 경제학과는 어떻게 돌아가는지 얘기했습니다. 제 생각에는 우리 MIT 경제학과가 정말 최고였으며, 가장 만족스러운 학과였습니다. 그리고 우리는 모두 그 이유를 알았습니다.

새뮤얼슨의 삶과 업적으로 우리 경제학과가 풍요로워졌다는 것은 두 말할 나위 없습니다. 새뮤얼슨을 추모하기 위해 오늘 이 자리에 함께 하신 많은 추도객 여러분이 바로 새뮤얼슨이 MIT를 풍요롭게 만들었다는 사실을 입증하는 증거입니다. 새뮤얼슨을 가장 친한 친구로 두었던 지난 60년은 제 인생에서 매우 소중한 부분이었습니다. 60년이 긴 세월이라 생각하실지도 모르지만, 저는 우리가 몇 년 더 함께 할 수 있었다면 좋았으리라는 아쉬움이 남습니다.

by Robert M. Solow

It has been four long months since I last talked with Paul, and even longer since I talked with him about serious economics. I miss him, and I reckon that, if he could, he would miss talking with me, too. It's too bad that there's no afterlife, or I could look forward to more shop talk in the Great Economics Department in the Sky. It would probably be a lot like MIT in the 1960s.

Speaking of that, I think I will use my few minutes to talk about Paul and the early days of MIT economics. They are inescapably connected, in many ways. Paul once remarked in public that maybe you could argue whether MIT was the best economics department in the world, but there could be no doubt that it was the happiest. I think both propositions were true, and Paul's stature and his personality were important reasons behind both of them.

The name Paul A. Samuelson first appears on the Course XIV faculty roster as an assistant professor in 1940-41, when he was 25 years old. The back story is well known. After a bumptious and meteoric couple of years as a graduate student among Harvard's eminent old men, and three blessed years as a Junior Fellow, Paul was appointed an Instructor in economics. "Bumptious" is putting it mildly: the story is well known that after his Ph.D. oral exam, Joseph Schumpeter turned to the other examiners and asked, "Did we pass?" Quizzing the professors.

As Paul himself told the rest of the story: "Within a month MIT made me a superior offer as assistant professor with my own secretary and office facilities. To test the waters I informed Harvard of this career opportunity. Harvard congratulated me on my good luck. This was enough of an answer and I moved my files three miles down the Charles River."

He joined a nondescript department that did little but teach service courses for engineering undergraduates. You would not recognize any of the names, except perhaps for an assistant (not an assistant professor) named Leo Hurwicz, who a couple of years ago shared a Nobel Prize with Eric Maskin and Roger Myerson. But I remember many of them – Bob Bishop might remember more – and Paul remembered them all, some fondly and some – let's say, quizzically. The big step down in the academic hierarchy didn't bother Paul, for two revealing reasons. He didn't have to move, just turn left instead of right when he went out of the door. Home meant a lot to him, and he didn't have to leave home. The second reason was that he knew that he had a large fund of good ideas to work on, and lots of thoughts about how to go about doing that. So he didn't have to depend on stimulus from others; he could just do his work. How lucky for us.

Ralph Freeman, who was Head of the department then and earlier and for the next 18 years, once remarked that all he had to do to be a successful Head was to keep Paul happy. Paul replied that it was a compliment to both of them, because he, Paul, had never asked for anything much. This is not a detail, but an important fact. When we began to build the new MIT Department of Economics after the war, Paul was of course a drawing-card to attract graduate students and young faculty. One of the things that made us such a friendly, happy department was a band-of-brothers spirit; nobody was pulling rank or bucking for an extra stripe. You would need an impossible amount of chutzpah to act like a prima donna if Paul Samuelson were your colleague and he was clearly *not* acting like a prima donna.

Paul spent the war years working in the Radiation Lab at MIT, but still carried on the department roster as an assistant professor. He was promoted to Associate Professor in 1944-45, to Professor in 1947-48, and the department began to look different. When my name first appears as an assistant professor in 1949-50, also age 25 (with a back story not very different from Paul's), the other assistant professors are Morris Adelman, Bob Bishop, Cary Brown and George Shultz (yes, that George Shultz), and Charlie Kindleberger was in his second year as associate professor. That was the Old Gang, to whom Charlie once dedicated a book, and none of us ever left home (with the exception of George, who let Destiny have its way).

I said once that when I first joined the department, which was then on the third floor of Building 14, someone, probably God Almighty, gave me the office next to Paul's. I still have it. In a sense we all had an office next to Paul's. We saw each other every day, we had lunch together every day, we talked about what was happening in economics, what was happening in the economy, what was happening at home, and what was happening in those other foolish and unimaginative economics departments. I think we *were* the best department; we were certainly the happiest department, and we all knew why.

It goes without saying that Paul's life and work enriched economics. The number of people who have come here today to remember him is evidence enough that he enriched MIT. And I am here to say that having had Paul as my best friend for 60 years was an important part of my life. You might think that 60 years was a lot, but I, we, could have used a few more.